KAMPF UMS DASEIN

JOHANNES SCHARF

KAMPF UMS DASEIN

METAPOLITISCHE ESSAYS AM PULS DER ZEIT

EUROPA TERRA NOSTRA
BERLIN 2019

EUROPA·TERRA·NOSTRA

© 2019 Europa Terra Nostra e.V.
Mühlenstraße 8a
14167 Berlin

KAMPF UMS DASEIN
Metapolitische Essays am Puls der Zeit

Alle Rechte, einschließlich derjenigen des teilweisen Abdrucks sowie der photomechanischen und elektronischen Wiedergabe, sind vorbehalten.

Bild Umschlag: Athena the ancient Greek goddess
Gilmanshin/shutterstock.com

Gedruckt in Ungarn

ISBN: 978-3-9818065-7-1

EUROPA TERRA NOSTRA E.V.
www.etnostra.com

INHALTSVERZEICHNIS

Vorwort von Dan Eriksson..................7

Demokratie ist Volkssouveränität..................11
Die Gratwanderung..................17
Die Deutschen haben ein tierisches Problem..................25
Das Ende der Bleichgesichter?..................29
Die kleine schwarze Meerjungfrau..................33
Die falsche Gretchenfrage..................35
Der weiße Ethnostaat..................41
Feminismus und Sexualdimorphismus..................49
Die Lehren aus Christchurch..................55
Wertvolle Lektionen: Altneuland und Nova Europa..................61
Wir sind die Hüter der Biodiversität..................70
Das Ass in unserem Ärmel..................79
Über den Wolken..................90
Make Mannheim Straight Again..................93

Im Nachgang: Afrikanische Spiele..................97
Zum Autor..................107

VORWORT VON DAN ERIKSSON

Die Lage, in der sich Europa und seine Nationen befinden, ist so ernst, dass es nichts Ungewöhnliches ist, zu hören, es sei „zu spät" und es gebe „nichts, was wir tun könnten". Das stimmt so natürlich nicht, aber es ist leichter zu verstehen, wie diese Menschen denken, wenn man die Tatsache berücksichtigt, dass sie unsere Probleme mit alten Strategien lösen wollen.

Von Kindesbeinen an wurde uns gesagt, um die Politik zu verändern, müsse man sich einer Partei anschließen, die Botschaft der Partei verbreiten und dafür sorgen, dass man selbst und viele weitere Personen für jene Partei stimmten. Auf diese Weise, so hieß es, würde man die Politik im eigenen Land verändern können, wenn man einen guten Job mache und eine attraktive Botschaft habe.

In der Theorie funktionieren moderner Parlamentarismus und Demokratie auch so, aber wie bei so vielen anderen Dingen liegen Theorie und Praxis sehr weit auseinander. Es kommen in der Praxis nicht nur weitere Faktoren wie Massenmedien, Kapital und Zeitgeist hinzu, die Wahlen beeinflussen, sondern es gibt auch keine Garantie dafür, dass die Mehrheit der Wahlberechtigten sich für die besten Argumente entscheiden wird, selbst wenn die Fakten klar sind, weil die meisten Menschen sich bei ihrer Wahlentscheidung nicht ausschließlich von ihrem Verstand leiten lassen.

Dieser Realität ins Auge zu blicken, kann erdrückend sein: Wir haben den Wählern die Fakten präsentiert, jeder kann sehen, dass der Multikulturalismus das soziale Gefüge unserer Gesellschaft zerstört, die Kriminalitätsrate in die Höhe schnellen lässt und unsere Gesellschaft polarisiert – aber dennoch wählen diese Menschen die Altparteien. Wie ist das möglich?

Wir sollten die Fähigkeit dazu aufbringen, die Welt und die moderne Demokratie so wahrzunehmen wie sie sind, um unsere Strategien entsprechend anzupassen und das Bestmögliche für uns herauszuholen. Wir müssen mit den Karten spielen, die wir auf der Hand haben, statt uns über den Kartengeber zu beschweren. So wie jemand, der bei einem Autounfall ein Bein verloren hat, nicht den Rest seines Lebens über den Unfall jammern sollte, selbst wenn er ihn nicht verursacht hat. Stattdessen sollte diese Person das Beste aus der Situation machen und beispielsweise eine Teilnahme an den Paralympischen Spielen anstreben.

Johannes Scharf hat keine Angst davor, kontrovers zu sein. Er gehört als Person des öffentlichen Lebens nicht nur dem rechten Lager an, was an sich schon kontrovers ist – er fordert auch fortwährend die Dogmen und die politische Korrektheit innerhalb dieses Lagers heraus.

Dieses Buch beinhaltet eine Vielzahl von Positionen, die sehr kontrovers gesehen werden, nicht nur in der Mainstream-Gesellschaft, sondern auch im nationalen Spektrum. Viele würden davor zurückschrecken, diese Positionen zu veröffentlichen, aber Europa Terra Nostra glaubt nicht nur fest an die Meinungsfreiheit, sondern auch an die Bedeutung einer lebendigen Debatte in unseren eigenen Reihen. Die Schlussfolgerungen in diesem Buch sollten daher nicht als die Ansichten von Europa Terra Nostra verstanden werden, sondern als Einladung zu einer Debatte über Positionen, die wir bisher ignoriert haben.

Wenn wir etwas von den alten Parteien und der Mainstream-Gesellschaft gelernt haben, dann ist es, dass politische Korrektheit und die Unterdrückung kontroverser Themen verheerende Auswirkungen auf die Gesellschaft haben können. Wir wollen nicht die gleichen Fehler machen.

Ob seine Überlegungen zu einem Ethnostaat den großen Ausweg aus der verfahrenen Lage darstellen, den wir so lange gesucht haben, ist im Grunde nicht der springende Punkt. Fakt ist, dass wir dringend neue Strategien benötigen, um die Herzen unserer Landsleute zu erreichen, statt immer nur auf den alten Pfaden zu wandeln, von denen wir wissen, dass sie Einbahnstraßen sind.

Lesen Sie dieses Buch, aber verharren Sie nicht an diesem Punkt. Diskutieren Sie es mit Ihren Freunden, treffen Sie sich mit anderen Lesern und versuchen Sie, Scharfs Ideen aus verschiedenen Perspektiven zu betrachten. Wer weiß, vielleicht werden Sie selbst ein Buch schreiben, um auf dieses zu antworten?!

Dan Eriksson
Vorsitzender Europa Terra Nostra
Oktober 2019, Älgarås, Schweden

DEMOKRATIE IST VOLKSSOUVERÄNITÄT

Auf die Frage, weshalb viele Menschen das Vertrauen in die etablierten Parteien verloren hätten, antwortete der Politologe Yascha Mounk der Moderatorin der *Tagesthemen* am 20. Februar 2018, dass dies mehrere Gründe habe. Einer dieser Gründe sei, „...dass wir hier ein historisch einzigartiges Experiment wagen, und zwar eine monoethnische, monokulturelle Demokratie in eine multiethnische zu verwandeln. Das kann klappen. Es wird, glaube ich, auch klappen. Aber dabei kommt es natürlich auch zu vielen Verwerfungen".

Dieser Satz wurde selbstverständlich zu Recht sofort zum Skandal, und Martin Sellner bemerkte in einer Videobotschaft spöttisch, er brauche künftig nichts mehr weiter zu tun, als nur immer wieder diesen Ausschnitt der Tagesthemen auf YouTube hochzuladen. Trotzdem kann sich über den Gehalt dieser Aussage eigentlich nur wundern, wer seit Jahren stur und beharrlich die Zeichen der Zeit verkannt hat.

Das wäre schon eine Leistung an sich, wenn man bedenkt, dass die Politik zum Austausch der Weißen in nahezu allen europäischen Ländern sozusagen zum guten Ton gehört. Gegen Querulanten, dazu gehören aufsässige Staaten wie Ungarn, Polen und die Slowakei, soll es empfindliche Kürzungen von EU-Mitteln geben, nachdem namentlich deutsche und andere westeuropäische Firmen jahrelang von der Öffnung der Märkte dieser Staaten profitiert und gleichzeitig deren Arbeitsmigranten ausgebeutet haben. Deutsche Produkte werden in diesen Ländern zum gleichen Preis verkauft wie in Deutschland, obwohl die dort gezahlten Löhne nur einen Bruchteil des deutschen Mindestlohnes betragen. Nachdem man nun also seinen Reibach mit diesen Staaten gemacht hat und weiterhin macht, stellt eine Kanzlerin Merkel diese Staaten vor die Wahl, entweder undemokratisch – nämlich gegen den ausdrücklichen Willen der eigenen Bevölkerung – Flüchtlinge ins Land zu lassen oder bei der Verteilung von EU-Geldern übergangen zu werden. Ob Angela Merkel sich mit ihrem Vorschlag, bei der Verteilung von EU-Geldern auch das Engagement bei der Aufnahme von Flüchtlingen und die Einhaltung europäischer Werte zu berücksichtigen, durchsetzen wird, ist noch nicht sicher, aber allein der Vorschlag ist zutiefst unmoralisch. Er ist nichts weiter als eine schmutzige Erpressung!

Auch Günther Oettinger ließ sich mit Blick auf Ungarn und Polen in seiner Eigenschaft als EU-Haushaltskommissar wie folgt vernehmen: „Wenn ihr diesen Kurs fortsetzt, dann wird es um Kürzungen bei den Investitionen gehen."

Konrad Szymański, Staatssekretär für Europäische Angelegenheiten im polnischen Außenministerium, sagte zwar, sein Land werde eine Umverteilung von Flüchtlingen nach Quoten unter keinen Umständen akzeptieren und drohte, dass ein solcher Schritt „zu einer echten politischen Krise mit weitreichenden Folgen für die Einheit der Union führen" würde. Dass aber die Totengräber des Kontinents, zu denen Oettinger, Schulz, Merkel, Schäuble und Juncker gehören, sogar willens sind, das Experiment, von dem der Politologe Yascha Mounk sprach, selbst auf die Gefahr einer Spaltung der Europäischen Union hin umzusetzen, zeugt von ihrem Fanatismus in dieser Sache. Die Durchsetzung ihrer Menschenrechtsideologie ist ihnen wichtiger als die Achtung demokratischer Entscheidungen: ein moralischer Imperialismus, der in der Geschichte seinesgleichen sucht.

Dass diese Personen gleichzeitig unentwegt von Demokratie sprechen und dafür in den seltensten Fällen ausgelacht werden, hat mit einer fast unerträglichen Verwirrung um die Begriffe Demokratie und Menschenrechte zu tun, die von manchen Leuten sogar – so hat es jedenfalls den Anschein – für Synonyme gehalten werden. Auf der schweizerischen Netzseite www.demokratieundmenschenrechte.ch erschien am 15. Februar 2018 ein Artikel mit der Überschrift „Demokratie und Menschenrechte: ZWEI SEITEN DERSELBEN MEDAILLE". Bereits der suggestive Titel ließ also nichts Gutes vermuten. An einer

Stelle des Aufsatzes wird Professor René Rhinow mit folgenden Worten zitiert: „Es gibt im Verfassungsstaat kein Volk über dem Recht." Wenn Rhinow behauptet, der Rechtsstaat und somit auch die individuellen Rechte stünden über der Volkssouveränität, erweist er sich gerade nicht als Musterdemokrat. Der oben zitierte Satz müsste richtig heißen: „Es gibt in einer Demokratie kein Recht über dem Volk", denn die Volkssouveränität ist in einer Demokratie *per definitionem* das Maß aller Dinge. Das Volk gibt sich seine Verfassung und wenn es sich als Souverän dazu entschließt, durch seine gewählten Vertreter einen bestimmten Artikel aus seiner Verfassung streichen zu lassen oder die Rechte bestimmter Minderheiten zu beschneiden, dann sind diese Vorgänge urdemokratisch, auch wenn die heiligen Menschenrechte unter ihnen leiden. Gerade dieser Umstand hat dazu geführt, dass amerikanische Gründerväter wie James Madison in einer reinen Demokratie geradezu eine Tyrannei der Mehrheit erblickten. Man lese nur einmal in den 1787 und 1788 veröffentlichten *Federalist Papers*.

Die Verwirrung scheint aber bei manchen Menschen noch größer zu sein, als ich mir überhaupt vorstellen konnte, bevor ich diesen Artikel zu lesen anfing. Darin wird nämlich auch eine deutsche Wissenschaftlerin namens Ingeborg Maus angeführt, die behauptet, die Konzepte Menschenrechte, Demokratie und Frieden gehörten zusammen und seien nicht voneinander getrennt realisierbar. Oh, Carl Schmitt, vergib ihr, denn sie weiß nicht, was sie sagt! Wenn sich das Volk in einer Demokratie dazu entschließt, einen Krieg zu führen – ob wir das gut oder schlecht finden, ist eine andere Frage – dann ist es deshalb noch lange keine schlechtere Demokratie. Oder war das Athen des Peloponnesischen Krieges ein schlechteres, ein undemokratischeres Athen als das der kurzen Friedensperioden? Im Gegenteil.

Menschenrechte, Demokratie und Frieden sind drei völlig unterschiedliche Dinge, daher gibt es auch drei verschiedene Begriffe. Demokratie hat so wenig mit den Menschenrechten zu tun wie Honig mit Schlagsahne. Bloß weil beides süß schmeckt, ist es noch lange nicht dasselbe. Frühere Demokratien hatten alle die Institution der Sklaverei (die ja im Sinne der Menschenrechte nicht hoch im Kurs steht). Umgekehrt steht die Agenda von Menschenrechtlern oftmals im krassen Gegensatz zu demokratischen Prinzipien wie der Volkssouveränität.

Gerade dass es eine Polis gibt, in der der *demos*, d. h. die Bürger (und nur die Bürger) etwas zu entscheiden haben, setzt voraus, dass andere Menschen in diesem System eben nichts zu entscheiden haben. Die Vorstellung, alle Menschen seien gleich respektive hätten gleiche Rechte, hat auch nach dem großen Staatsrechtler Carl Schmitt nichts mit Demokratie zu tun, sondern ist „eine bestimmte Art Liberalismus, nicht Staatsform, sondern individualistisch-humanitäre Moral und Weltanschauung". Der schweizerische Publizist Jan Mahnert unterscheidet deshalb zwischen Demokraten und Homokraten und weist nach, dass die Gleichheitsideologie der Menschenrechte die echte Demokratie bedroht, denn stünden – so schreibt er – Individualrechte im Vordergrund, seien kollektive Entscheidungsprozesse nur noch innerhalb bestimmter Grenzen möglich. Deshalb sage ich Ja zur Demokratie und erteile der extremistischen Menschenrechtsideologie, die heute in vielen Gesellschaften geradezu als Ersatzreligion betrachtet werden muss, eine klare Absage.

Eingeleuchtet hat mir dieses Konzept der Menschenrechte ohnehin noch nie. In seinem 2017 erschienenen Büchlein *Das Wesen des Systems. Politische Radiographie* schreibt der argentinische Philosoph Carlos Dufour über diese ominösen Rechte Folgendes: „Die christlichen Theologen hatten zwar einen unsichtbaren Gott postuliert, waren aber immerhin bemüht, seine Existenz nach den damaligen Standards nachzuweisen. Die Befürworter der Menschenrechte dagegen berufen sich auf die Offenkundigkeit der Menschenrechte. Nun ist es ein linguistisches Fakt, dass es in keiner klassischen Sprache einen Ausdruck für *Menschenrechte* gibt. Wären solche Rechte evident wie die Sonne und das Wasser, wäre dieses sprachliche Manko ein Rätsel. Also liegt keine Offenkundigkeit vor." Man merkt sogleich, dass dieser Mann beinahe in Logik habilitiert hätte, wäre er nicht nach vielen Jahren der Forschungsarbeit von der Ludwig-Maximilians-Universität München fallen gelassen worden. Er bemerkt weiter: „Man erzählt von einer Dame, die wissen wollte, wie die Astronomen die Namen der Himmelskörper herausgefunden haben. Die Anekdote will besagen: Rechte sind nicht Dinge, die man entdeckt, sondern Dinge, die man gewährt." Allerdings würden die Menschenrechte heute fröhlich deduziert, ganz in der Art, in der man einen Wunschzettel erstelle. Man frage sich dabei nur, ob

etwas an sich angenehm sei und stempele es zum Recht. Ganz treffend konstatiert er, diese Lehre wirke nicht nur heuchlerisch, sondern kindisch: „Alle Bürger sind Menschen, aber nicht alle Menschen sind Bürger. Ein ernsthafter Staat beginnt mit einer strengen Exklusion."
Eine strenge Exklusion tut in der Tat Not. Stattdessen schreien die Homokraten heute nach immer mehr Inklusion, nach dem Wahlrecht für Ausländer, nach der gemeinsamen Unterrichtung von hochbegabten und minderbemittelten Kindern, nach einer Aufhebung der Geschlechter. Alles soll gleich werden, alles auf ein Niveau herabgedrückt werden. Hier zeigt sich mit Nietzsche der Hass auf alles, was Höhe hat.
Jeder Bürger ist Mensch, aber nicht jeder Mensch ist Bürger. Ich glaube auch, dass es durchaus demokratisch wäre, wenn das Wahlrecht auf jene Männer beschränkt würde, die Militärdienst geleistet haben sowie außerdem auf jene Frauen, die dem Staat mindestens ein Kind geboren haben. Denn weshalb sollte jemand, der nicht bereit ist, das Gemeinwesen, in dem er lebt, auch mit der Waffe in der Hand zu schützen und nötigenfalls sein Leben einzusetzen, in diesem Gemeinwesen politisch irgendetwas mitzureden haben? Und weshalb sollte eine Frau, die sich mehr um ihre „Karriere" sorgt als um den biologischen Fortbestand ihres Volkes, die Möglichkeit haben, auf dessen Zukunft und damit auf die Lebensumstände anderer Leute Kinder Einfluss zu nehmen?
Ich selbst bin ein glühender Anhänger der republikanischen Staatsform, und meine Wohnung ziert u. a. die Fahne des US-Bundesstaates Virginia mit der Devise *Sic semper tyrannis*. Es sind dies die Worte, welche Brutus bei der Tötung Caesars gesprochen haben soll. Meines Erachtens hat jede demokratische Mehrheit ein Recht darauf, etwa in Fragen der Einwanderungspolitik zu diskriminieren und selektiv auch mit Blick auf den ethnokulturellen Hintergrund der potentiellen Einwanderer vorzugehen. Die Omnipräsenz der Menschenrechtsdoktrin verhindert jedoch, dass Regierungen westlicher Staaten von diesem Werkzeug der Biopolitik Gebrauch machen. Sie befördert im Gegenteil unter ihren Anhängern den Wunsch nach schnellstmöglicher Durchführung des von dem Politologen Yascha Mounk angesprochenen Experiments. Die Menschenrechtsdoktrin, nicht die Demokratie, ist die Ursache dafür, „...dass wir hier ein historisch einzigartiges

Experiment wagen, und zwar eine monoethnische, monokulturelle Demokratie in eine multiethnische zu verwandeln. Das kann klappen. Es wird, glaube ich, auch klappen. Aber dabei kommt es natürlich auch zu vielen Verwerfungen." Mit Enoch Powell und Vergil kann man nur noch hinzufügen: „Ich sehe den Tiber schäumen vor Blut."

DIE GRATWANDERUNG

Jede unbequeme Wahrheit braucht einen Dissidenten, der sie ausspricht. Nur mangelt es leider allzu oft an Dissidenten. Viele Menschen bilden sich ihre Meinung mithilfe der *Bild*-Zeitung, und nur die wenigsten vermögen sich ihres eigenen Verstandes ohne Leitung eines anderen zu bedienen. Kants Aufforderung „*Sapere aude*! Habe Mut, dich deines eigenen Verstandes zu bedienen", greift jedoch zu kurz, weil die faktische Unmündigkeit vieler Menschen oft weder eine Folge mangelnden Verstandes noch eine Folge mangelnden Mutes ist. Der Mensch ist weniger ein vernünftiges als vielmehr ein emotionales Tier. Bereits der schottische Philosoph David Hume hatte postuliert, dass die Vernunft bloß eine „Sklavin der Gefühle" sei.

Doch stellen wir uns ein praktisches Beispiel vor: Du sprichst mit einem Gutmenschen über die Masseneinwanderung nach Europa. Du erklärst der Person, dass die Probleme in der Dritten Welt nicht durch Abwanderung in westliche Industrienationen zu lösen sind. Bis zum Jahr 2100 wird sich die Bevölkerung des afrikanischen Kontinents laut einem Bericht der Vereinten Nationen vervierfacht haben, fast die Hälfte aller Afrikaner ist unter 15 Jahre alt. Selbst wenn Deutschland jedes Jahr so viele Menschen einwandern ließe wie 2015, würde dies das Problem der Überbevölkerung in Afrika nicht lösen, es würde Deutschland aber binnen weniger Jahre bis zur Unkenntlichkeit verändern. Peter Scholl-Latour warnte einmal völlig zu Recht, wer halb Kalkutta aufnehme, der helfe nicht etwa Kalkutta, sondern werde selbst zu Kalkutta. Hinzu kommt die Tatsache, dass die wirklich Armen sich eine sogenannte Flucht gar nicht leisten können. Konfrontiert mit diesen vernünftigen Argumenten, wird der Gutmensch immer noch behaupten, es sei unsere Pflicht, diese Menschen aufzunehmen. Er

wird sogar darauf beharren, dass es moralisch verwerflich wäre, eine Obergrenze festzulegen: „Und was ist, wenn der 200 001. Geflüchtete kommt? Schickt man den dann weg oder was?"
Oder ein anderes Beispiel: Progressive reden so gerne von einer Verringerung ihres ökologischen Fußabdrucks. Sie fahren mit dem Fahrrad zur Uni und verzichten auf das Verzehren von Fleisch, und in Schweden gibt es bereits eine weit verbreitete „Flugscham", weil Flugzeuge Kerosin verbrennen und eine enorme Menge an Abgasen ausstoßen. Der Hashtag „Ich bleib am Boden" erfreut sich dort in sozialen Netzwerken großer Beliebtheit. Das ist so abgehoben, dass man sich wünschte, sie blieben lieber einmal metaphorisch als unbildlich gesprochen auf dem Boden. Es ist dies aber dieselbe Klientel, die permanent nach offenen Grenzen schreit und am liebsten alle Abwanderungslustigen Afrikas und des gesamten Erdenrunds nach Europa einwandern ließe. In den USA und Kanada zeigt sich das gleiche Bild. Es fühlt sich eben gut an, für Einwanderung und gegen den Klimawandel zu sein. Es ist en vogue. Vielleicht sehen viele den Widerspruch gar nicht oder blenden ihn aus: Wenn wir unter dem ökologischen Fußabdruck die biologisch produktive Fläche auf der Erde verstehen, die zur Sicherung des Lebensstils und Lebensstandards eines Menschen dauerhaft benötigt wird, wäre eine Abschottung der westlichen Industrienationen das Effizienteste, was zur Verringerung des durchschnittlichen ökologischen Fußabdrucks getan werden könnte. Der ökologische Fußabdruck eines afghanischen Hirten ist ja um ein Vielfaches geringer als derjenige eines afghanischen Asylbewerbers – oder noch schlimmer: einer integrierten Fachkraft, die mit dem Auto zur Arbeit fährt! Und Veganer sind in Flüchtlingsunterkünften äußerst rar gesät. Man kann auch sagen: Es gibt sie nicht.

Ich muss mir immer wieder klarmachen, dass meine Mitmenschen in der Hauptsache nicht von rationalen Erwägungen, sondern von irrationalen Gefühlen geleitet werden, sonst würde ich die Deutschen entweder hassen oder verachten. Hass ist ein sehr starkes Wort, und ich möchte behaupten, dass ich niemanden aus tiefstem Herzen hasse. Trotzdem empfinde ich immer wieder eine gewisse Geringschätzung für das Kollektiv der Deutschen und anderer Europäer, obwohl ich Einzelnen, mit denen ich persönlich in Interaktion trete, und zwar auch solchen, die absolut irrationale Positionen vertreten, niemals den zwischenmenschlichen Respekt versagen würde. Es ist dies auch keine geheuchelte Achtung. Ich versuche immer, das Gute im Menschen zu sehen, auch wenn es manchmal schwerfällt. Wenn ein Professor in einer Vorlesung beispielsweise erzählt, es gebe keine Rassen, dann sage ich mir: „Das hat er so lange nachgeplappert, bis er es schließlich selber geglaubt hat. In anderen Bereichen ist der Mann dafür sehr kompetent." Das heißt, ich bin im zwischenmenschlichen Kontakt ständig damit beschäftigt, zu relativieren.

Aber auch die Verachtung des Kollektivs ist an und für sich unangebracht. Die linken Antideutschen hassen das deutsche Volk, weil es an Fremden furchtbare Verbrechen begangen hat. Die rechten Antideutschen, eine seltenere Spezies, zu der ich meinen Freund Constantin von Hoffmeister zähle, verachten das deutsche Volk, weil es an sich selbst ein furchtbares Verbrechen begeht und dabei das restliche Europa mit in den Abgrund reißt. Es schafft sich selbst ab, wie Thilo Sarrazin es schon vor Jahren auf den Punkt brachte. Es ist eine Gratwanderung zwischen linkem und rechtem Antigermanismus, ein Balanceakt, und beide Extrempositionen sind rational nachvollziehbar. Hin und wieder packt er mich auch, der rechte Antigermanismus, aber es wäre nicht sinnvoll, einen Wolf dafür zu verurteilen, dass er im Rudel heult. Der Mensch ist nun einmal ein Herdentier. Als Mitläufer lebt es sich leichter, man eckt nicht an, ist angepasster und erhöht damit im darwinschen Sinne seine Fitness, d. h. seine Chance darauf, ein geeignetes „Weibchen" respektive „Männchen" für die Paarung oder das kinderlose Eheglück zu finden.

Manch einer mag über diese Erkenntnis schon zum Misanthropen geworden sein. Und beim politischen Antiinstinkt unserer „Weibchen" könnte man darüber hinaus auch zum Misogynen werden. Ich habe mir lange und intensiv über das disparate Wahlverhalten von Frauen und Männern Gedanken gemacht. Bei der Bundestagswahl 2017 wählten beispielsweise 16 Prozent der Männer die AfD, im Osten sogar 26 Prozent, aber nur neun Prozent der Frauen. Und die Demokratische Partei in den USA scheint zu einer Art Frauen- und Migrantenbewegung geworden zu sein. Thomas Jefferson und James Madison würden sich jedenfalls im Grab umdrehen, könnten sie diesem Treiben zusehen.

Der Psychologe und Kulturkritiker Jordan Peterson und mit ihm die meisten Konservativen aus dem angelsächsischen Raum heben besonders die Tatsache hervor, dass Frauen generell „wohlfahrtsstaatlicher" wählen als Männer. Sie sehen das im Sinne der evolutionären Psychologie als eine Folge jahrhunderttausendealter Geschlechterrollen. So hätten die „Weibchen" in der Gruppe dafür Sorge tragen müssen, dass Nahrung und andere Ressourcen gerecht verteilt wurden. Stichwort Umverteilung. Sie seien außerdem insgesamt anfälliger für Propaganda, die auf Emotionen wie Mitgefühl abziele. Bis zu einem gewissen Grad stimme ich dieser These selbst zu, aber es gibt meines Erachtens noch andere Ursachen für das unterschiedliche Wahlverhalten von Frauen und Männern.

In ihrem Aufsatz „Wählen Frauen anders als Männer?", der im Oktober 2018 in einer Zeitschrift der Bundeszentrale für politische Bildung erschienen ist, weist die habilitierte Politikwissenschaftlerin Gesine Fuchs darauf hin, dass es bis etwa 1980 in westlichen Industrienationen einen „Gender Gap" gegeben habe, der sich zum heutigen Phänomen geradezu konträr verhalte: „Frauen wählten christdemokratischer beziehungsweise konservativer." Seitdem sei „tendenziell eine moderne Geschlechterlücke zu konstatieren": Nun wählten die Frauen eher links beziehungsweise „wohlfahrtsstaatlicher".[1] Dazu passt auch, dass Frauen bei Volksabstimmungen zu Sachfragen in der Schweiz insgesamt sozialer und ökologischer stimmen[2], in der Weimarer Republik jedoch häufiger rechtskonservativen und völkischen Parteien wie der DNVP ihre Stimme gegeben haben.[3]

Und falls es tatsächlich zutreffen sollte, dass Frauen gleich häufig wie Männer rechtspopulistisch eingestellt sind[4], was ich zu bezweifeln wage, liefert Gesine Fuchs mit der Vermutung, dass „Frauen eher eine soziale Stigmatisierung bei entsprechender Wahlentscheidung"

---

1 Fuchs, Gesine: Wählen Frauen anders als Männer?, in: *Aus Politik und Zeitgeschichte*, 68. Jahrgang, 42 (2018), S. 37–44, hier: S. 39.
2 Siehe ebd., S. 43.
3 Ebd., S. 40.
4 Vgl. Küpper, Beate: Das Thema Gender im Rechtspopulismus – empirische Befunde zur Anschlussfähigkeit bei Frauen und Männern, in: *Femina Politica 1* (2018), S. 66–67.

fürchteten als Männer[5], eine aus evolutionsbiologischer Sicht absolut einleuchtende Erklärung. Sie sind im Kollektiv angepasster, weil es nach den Gesetzen des Dschungels verzeihlich, von Zeit zu Zeit für das Überleben der Gruppe sogar notwendig war, dass sich ein „Männchen" mit radikal von der *Communis Opinio* abweichenden Vorstellungen Gehör verschaffte. Die Entstehung des weiblichen *Maverick* hat die Evolution indes nicht oder nicht im gleichen Maße begünstigt. Bei den „Weibchen" war wohl Angepasstheit der letzte Schrei. Aber auch die „Beta-Männchen" taten vermutlich meist besser daran, sich angepasst zu verhalten.

Obwohl es sich bei der Angst vor Stigmatisierung infolge bestimmter Wahlentscheidungen um eine in der Tat irrationale Angst handelt, weil die Wahlen im Geheimen stattfinden, scheint sie einer der Hauptgründe für das disparate Wahlverhalten von Frauen und Männern zu sein. Um wie viel größer ist der „Gender Gap" jedoch, sobald es ans Eingemachte geht? Nur 16 Prozent der AfD-Parteimitglieder sind weiblichen Geschlechts! Wenn man von den 16 Prozent noch einmal etwa die Hälfte subtrahiert, erhält man nach Adam Riese den Anteil der Frauen, die sich auch auf rechte Veranstaltungen wagen, quasi Rechtspopulistinnen zum Anfassen sind. Dagegen verfügen die Grünen mit 39 Prozent über die meisten „Weibchen".[6] Grün sein liegt eben im Trend. Erst am 4. Februar dieses Jahres konnte man auf *Welt Online* lesen, dass die Grünen in Baden-Württemberg laut einer Umfrage auf 33 Prozent geklettert seien.[7] Das war nicht immer so! In ihrer radikalen Anfangsphase waren die Grünen noch eindeutig als Männerpartei anzusprechen. Man könnte Frauen somit als reaktionäres Moment einer Gesellschaft begreifen, das danach strebt, die aktuelle Entwicklung unter keinen Umständen zu konterkarieren. Und momentan heißt der vorgezeichnete Kurs, das Festhalten am *Status*

---

5   Fuchs, Gesine: Wählen Frauen anders als Männer?, in: *Aus Politik und Zeitgeschichte*, 68. Jahrgang, 42 (2018), S. 37–44, hier: S. 41.

6   Abels, Gabriele/ Ahrens, Petra/ Blome, Agnes: Geschlechtergerechte Repräsentation in historischer und internationaler Perspektive, in: *Aus Politik und Zeitgeschichte*, 68. Jahrgang, 42 (2018), S. 28–36, hier: S. 31.

7   Siehe https://www.welt.de/politik/deutschland/article188205555/Umfrage-in-Baden-Wuerttemberg-Gruene-klettern-auf-33-Prozent-SPD-und-CDU-verlieren.html.

quo, paradoxerweise: permanente Revolution. Man hält sehnsüchtig nach den Felsenriffen Ausschau. Jede sich anbahnende Krise übt beinahe, man muss es zugeben, eine stimulierende Wirkung auf den mit den Jahren zynisch gewordenen Beobachter aus. Erst wenn revolutionäre Umbrüche die alte Ordnung in Scherben geschlagen haben, eine kritische Masse von Personen Tatsachen geschaffen hat, wird neu justiert, wird die Fahne von den „Weibchen" und „Beta-Männchen" abermals in den Wind gehängt.

Nachdem die NSDAP, ähnlich wie die Grünen, anfangs eine reine Männerpartei gewesen war, erhielt die Partei erst etwa eineinhalb Jahre vor der Machtergreifung verstärkt Zulauf von Frauen.[8] Treu sind sie im Dritten Reich ihrem „Führer" und Idol Adolf Hitler ins Verderben gefolgt, aber als Berlins Mauern brachen, da arrangierten sich viele Frauen in Windeseile mit den sowjetischen Besatzern. Von einem damals blutjungen deutschen Soldaten, der nach der Endschlacht um Berlin in russische Gefangenschaft geriet, habe ich vor einigen Jahren erfahren müssen, was sich dort nach dem Sieg der Roten Armee mancherorts für unwürdige Szenen abspielten. Als die deutschen Landser im Gänsemarsch durch die Straßen geführt wurden, tanzten deutsche Frauen mit Rotarmisten, flanierten Arm in Arm mit ihnen durch die zerstörte Stadt und machten sich über die vorbeiziehenden Landser lustig. Ein Mädchen soll, da von deutschen Soldaten nach Wasser verlangt wurde, einen Eimer geholt und ihn dann vor den Gefangenen auf die Straße geschüttet haben – unter dem schadenfrohen Gelächter der Rotarmisten und anderer Frauen. Diese Vorgänge haben sich in das Gedächtnis des jungen Soldaten eingebrannt und die Erinnerung daran ist für ihn heute noch quälender, als die Schrecken des Häuserkampfes es je hätten sein können. Er sagte mir, dass er die Berlinerinnen in diesem Moment mehr gehasst habe als die Rote Armee.

Obwohl dieser große Zorn zweifelsohne nachvollziehbar ist, sollte man sich dennoch fragen, ob es von einem evolutionsbiologischen Standpunkt aus betrachtet gerecht erscheint, Frauen für dieses Verhalten zu verurteilen. Ich hoffe zwar, dass es viele Frauen gegeben hat, die sich stattdessen zu Hause verbarrikadierten, schwarz trugen und

---

8 Siehe Fuchs, Gesine: Wählen Frauen anders als Männer?, in: *Aus Politik und Zeitgeschichte*, 68. Jahrgang, 42 (2018), S. 37–44, hier: S. 40.

nach der Heimkehr ihres Ehegatten aus der sibirischen Gefangenschaft in den 1950er Jahren ein fröhliches Wiedersehen feierten, ohne ein schlechtes Gewissen haben zu müssen, aber leider ist da eine Stimme in meinem Kopf, die sagt: Wunschdenken, Wunschdenken, Wunschdenken. Die Sowjets hatten gerade gesiegt, und der Nimbus des Siegers wirkt auf das weibliche Geschlecht unwiderstehlich. Kann man sich vorstellen, dass sich eine Gruppe von Rehen demjenigen männlichen Artgenossen anschlösse, der gerade vom Platzhirsch in seine Schranken gewiesen wurde? Natürlich nicht. Letzterer verteidigt seinen Einstand, und die weiblichen Tiere bleiben jeweils nur beim stärksten Hirsch und paaren sich mit ihm. Bei unseren Nächstverwandten, den übrigen Primaten, liegen die Dinge ähnlich. Die weibliche Hypergamie, so wird in der Ethnosoziologie das „Hinaufheiraten" von Frauen in eine höhere soziale Gruppe, Schicht oder Kaste bezeichnet, ist eine ständige Reminiszenz an diese Verwandtschaft.

Aber was bringt uns das Lamentieren? Wir können die Natur des Menschen ja doch nicht ändern, wir können uns nur der Ursachen für bestimmte Verhaltensmuster bewusst werden und lernen, damit fertigzuwerden. Würde man einem Mann, der nicht gerade Asket oder Kartäusermönch ist, sieben Nächte in Folge jeweils eine andere Dame ins Bett legen, würde er sich in jeder Nacht aufs Neue alle Mühe geben, bei dem jeweiligen Fräulein zu landen. Unbewusst möchte das „Männchen" sein Erbgut möglichst weit streuen, das „Weibchen" befindet sich hingegen auf der Suche nach dem Einen, dem Richtigen, der sie ernähren und sie und den Nachwuchs verteidigen kann. Und falls sich das Blatt wenden sollte, hat das „Weibchen" es nie vollständig verlernt, sich mit dem Sieger zu arrangieren – schon zum Wohle des Nachwuchses. Diese Verhaltensweisen sind weder gut noch schlecht, sie sind nur eines: aus evolutionsbiologischer Sicht folgerichtig. „Nichts in der Biologie ergibt einen Sinn außer im Licht der Evolution" (Theodosius Dobzhansky).

Und um nun wieder zum Ausgangspunkt unserer Betrachtungen zurückzukommen: Während Zweifel an der Mündigkeit der Deutschen im Allgemeinen und der deutschen Frauen im Besonderen durchaus berechtigt sind, erscheinen Hass auf und Verachtung für diese Gruppen im Kollektiv als unverhältnismäßig, da eine sinnvolle Beurteilung ihrer Verhaltensweisen nur jenseits der Kategorien von Gut und Böse erfolgen kann. Als deutscher Rechter bewegt man sich immer auf einem schmalen Grat, nur einen kleinen Schritt vom gähnenden Abgrund des zynischen Antigermanismus entfernt. Und ob ich schon stürzte ins finstere Tal! Kein Stecken und kein Stab fanden sich dort. Es wäre jedoch genauso töricht, einer Katze dafür das Fell über die Ohren ziehen zu wollen, weil sie den Vogel auf der Veranda gefressen hat. Der Mensch handelt, wenn er handelt, als soziales Lebewesen. Und auch wenn alle einer Meinung sind, können alle Unrecht haben. Das jedenfalls gab der britische Philosoph und Mathematiker Bertrand Russell einst zu bedenken.

Wie stark jedoch der Gruppendruck sein kann, hat der Psychologe Solomon Asch 1951 mit seinem Konformitätsexperiment verdeutlicht. Dabei sollten Versuchspersonen von vier dargebotenen Linien die beiden gleich langen identifizieren. Mit ihnen zusammen saßen mehrere Personen am Tisch, die in das Experiment des Versuchsleiters eingeweiht waren und auf einer offensichtlich falschen Zuordnung der Linien beharrten. Die meisten Probanden passten sich immer wieder der Mehrheit an. Nur ein Viertel der Versuchspersonen zeigte sich von den falschen Entscheidungen der Mehrheit absolut unbeeindruckt. Das Experiment ist später vielfach in verschiedenen Varianten repliziert worden, wobei sich einige interessante Zusammenhänge ergaben: Mit der Größe der Gruppe steigt auch der Konformitätsdruck, und die Konformitätsrate nähert sich schließlich asymptotisch einer Geraden an. Allerdings ist es mit der Konformität vorbei, sobald einer der Vertrauten des Versuchsleiters die richtige Antwort gibt. In diesem Fall bestehen auch die Probanden fast immer auf ihrer richtigen Einschätzung. Deshalb ist es enorm wichtig, dass wir niemals damit aufhören, auf offensichtlichen Unsinn hinzuweisen. Damit ermutigen wir unsere Mitmenschen im Idealfall dazu, ebenfalls ihren fünf Sinnen zu trauen und mit der Konformität zu brechen. Wir sollten alle sein wie der Junge, der ruft: „Der Kaiser ist nackt!" – „Es gibt sehr wohl Rassen!" sollte ich rufen, aber damit warte ich noch bis zum Ende des Semesters ...

DIE DEUTSCHEN HABEN EIN TIERISCHES PROBLEM

Was CSU-Politiker nicht alles auf sich nehmen, um Wählerstimmen für sich zu ergattern! Wie Paradiesvögel beim Balztanz plustern sich diese Herrschaften auf und stellen ihre vermeintlich prachtvollen Federn zur Schau. Wo aber der Paradiesvogel nur hoffen kann, dass sich auch in diesem Moment ein Weibchen in der Nähe befindet, ist sich der CSU-Politiker der Aufmerksamkeit seiner potentiellen Wähler sicher, wenn er wie wild mit den Flügeln schlägt und dazu das Gezwitscher der AfD nachzuahmen trachtet. Leider sind viele Wähler so naiv, sich immer wieder vom Kuckuck täuschen zu lassen. Dabei müsste mittlerweile selbst jedem Blinden mit Krückstock bewusst sein, dass ein Horst Seehofer zwar ständig mit den Hufen scharrt, sich aber niemals aufbäumt, dass er zwar andauernd als Tiger zum Sprung ansetzt, aber immer als Bettvorleger landet.

Es ist geradezu zum Verzweifeln, dass die Wähler selten aus Schaden klug zu werden scheinen. Deshalb möchte ich mich zur Zerstreuung im Folgenden mit einer freilich nur halb ernst zu nehmenden Problematik auseinandersetzen: dem Besitz von Haustieren. Ich bitte insbesondere alle Haustierbesitzer unter den Lesern die folgenden Ausführungen, zu denen ich von einem Freund aus Bosnien angeregt wurde, *cum grano salis* zu nehmen und nicht jedes meiner Worte auf die Goldwaage zu legen.

Es ist bekannt, dass die Tierliebe der Europäer, besonders der Nordwest-, Nord- und Mitteleuropäer, beinahe grenzenlos ist, wenn wir ihr die Grausamkeit zur Seite stellen, mit der in vielen Teilen der

Welt Tiere gequält werden. Aus eigener Anschauung kenne ich diese Tierquälereien aus dem arabischen Raum, aus Indien und Afrika, aber auch philippinische Matrosen lassen zuweilen eine Ziege auf qualvolle Weise verenden, indem sie ihr einen Wasserschlauch die Gurgel hinunterstoßen und das Ventil aufdrehen. Davon jedenfalls berichtete mir ein Freund, der als Deckkadett einer solchen Grausamkeit beiwohnen musste. Die Filipinos hätten sich dabei vor Lachen die Bäuche gehalten, und er habe sich um ein Haar übergeben müssen. Ich bin durchaus froh, dass es unserem gesunden Empfinden als Europäer widerspricht, eine solche Tierquälerei als gelungenen Scherz aufzufassen. Trotzdem kann man es auch mit der Tierliebe zu weit treiben. Am ernstesten scheint die Lage in Deutschland und Großbritannien zu sein.

Dabei denke ich nicht einmal an die wenigen Individuen, die ihre Hunde in feinste Seide hüllen oder ihnen die Krallen lackieren. Das Marktvolumen für Heimtierbedarf beträgt in Deutschland insgesamt rund 4,7 Milliarden Euro, was die Bundesrepublik nach Großbritannien zum zweitwichtigsten Markt der Branche in Europa macht. Das nachgefragteste Produkt ist dabei die Fertignahrung mit mehr als drei Milliarden Euro Umsatz. Auf Zubehör und Bedarfsartikel entfallen über 900 Millionen Euro jährlich.

Rund 34 Millionen Haustiere halten die Deutschen schätzungsweise, von denen Katzen und Hunde laut Berechnungen des Zentralverbandes Zoologischer Fachbetriebe den größten Anteil stellen. Sieht man sich zum Vergleich die Anzahl der Kinder an, die 2016 in der Bundesrepublik lebten, bekommt man es mit der Angst zu tun: 11,05 Millionen Kinder gab es in der Bundesrepublik im Jahr 2016. Besonders pikant ist die Tatsache, dass in jenem Jahr so viele Kinder geboren wurden, wie seit Jahrzehnten nicht mehr und 20 Prozent dieser Neugeborenen eine ausländische Mutter hatten. Dabei sind zum einen die Kinder, die einen Vater mit ausländischem Pass hatten, nicht eingerechnet, zum anderen die Heerscharen von Eingebürgerten und weiters die Personen mit partiellem Migrationshintergrund, die schon mit der deutschen Staatsangehörigkeit zur Welt kommen.

Obgleich es dazu meines Wissens keine Zahlen gibt, ist davon ausgehen, dass die überwiegende Mehrheit der Haustierbesitzer sich aus den Reihen derjenigen rekrutiert, „die schon länger hier leben", denn wenn wir von den jungen Türken mit Jogginghose, Boxerschnitt und Kampfhund einmal absehen, müssen wir den Hund und auch die Katze, erst recht aber den Hamster in erster Linie als Accessoires von Einheimischen betrachten. Jedenfalls werden Haustiere selten mit unbegleiteten Minderjährigen in Verbindung gebracht, und auch die typische mohammedanische Großfamilie legt sich im Normalfall keinen haarigen Vierbeiner zu. Oder wann habt ihr das letzte Mal eine afghanische Familie mit Golden Retriever gesehen? Wann hat euch das letzte Mal ein Schwarzafrikaner von seiner Bartagame erzählt?

Nehmen wir einmal an, dass von den elf Millionen Kindern sechs bis sieben Millionen keinen Migrationshintergrund haben, von den 34 Millionen Haustieren indes 30 Millionen oder mehr bei einem Herrchen ohne Migrationshintergrund wohnen. In diesem Fall hätten Deutsche viermal so häufig Tiere im Haus wie Kinder! Natürlich besitzen manche Herrchen auch mehr als ein Tier, aber das gilt schließlich auch für Eltern und die Anzahl ihrer Kinder. Ein Hund kommt den Besitzer natürlich billiger als ein Kind und ist obendrein pflegeleichter. Der Hund verlangt nicht nach Markenkleidung, wenn er in die Pubertät kommt, übertreibt es garantiert nie mit dem Alkohol und wird auch mit an Sicherheit grenzender Wahrscheinlichkeit kein kostspieliges Studium aufnehmen, wenn es die Grünen mit der Inklusion in absehbarer Zeit nicht noch weiter auf die Spitze treiben.

Aber es gibt noch andere Gründe für die Kynomanie, das heißt die Hundebesessenheit der Deutschen. Wenn der Eros geht, kommt bei vielen älteren „Weibchen" der Spezies *Homo sapiens* die Religiosität, pflegte ein Wiener Freund immer zu sagen. Bei anderen kommt das Schoßhündchen – und bisweilen auch beides zusammen, möchte ich hinzufügen. Und das zumal in den Fällen, in denen Madame sich zeitlebens nicht ein einziges Mal in anderen Umständen befunden hat. Das Haustier wird zum Ersatz für eigene Kinder, wenn eine Frau sich plötzlich in den Wechseljahren findet und bis dahin ihre biologische Bestimmung nicht erfüllen konnte, weil sie fast zwei Jahrzehnte lang einer Karriere oder wahlweise dem perfekten Partner nachgejagt ist. Diese Klientel ist aus demselben Grund auch besonders gefährdet, sich zum Anwalt der kleinen Flüchtlingsbabys zu machen, die an der amerikanisch-mexikanischen Grenze zeitweilig von ihren kriminellen

Eltern getrennt werden. Das beste Beispiel gibt unsere Frau Bundeskanzlerin, von der zwar bisweilen behauptet wird, sie möge keine Hunde, die sich dafür aber umso rührender um unbegleitete Minderjährige sorgt. Auch sie ist kinderlos. Die Leidtragenden sind unsere eigenen Kinder, deren Zukunft sehenden Auges den Abfluss hinuntergespült wird, um die Bedürfnisse einer pflichtvergessenen Generation von alleinstehenden Frauen zu befriedigen – diesseits wie jenseits des Atlantiks. Alles in allem bleibt uns mit einem Augenzwinkern zu konstatieren, dass Deutschland ein tierisches Problem hat. So oder so.

DAS ENDE DER BLEICHGESICHTER?

Der Feminismus spricht mit gespaltener Zunge. Er fordert Gleichberechtigung und meint die Herrschaft des Matriarchats. Er wünscht sich Geschlechterparität bei den Abgeordneten im Bundestag, aber nicht bei der Müllabfuhr, im Gerüstbau oder bei der Kanalreinigung. Und mit Sicherheit wünscht sich der Feminismus auch nicht, dass *Frau* in Sachen Suizidrate zu den Männern aufschließt. Diese tödliche Geschlechterlücke wird meist einfach unter den Teppich gekehrt, dabei nehmen sich in manchen Ländern fünfmal so viele Männer wie Frauen das Leben. In Deutschland ist die Zahl der Männer, die den Freitod wählen, etwa dreimal so hoch wie die der Frauen. Man stelle sich nur einmal den Aufschrei der Zivilgesellschaft vor, wenn es sich umgekehrt verhielte.

Aber wen interessiert schon das Schicksal der vermeintlichen Unterdrücker? Wir leben ja immer noch in einem Patriarchat, jedenfalls wenn es nach unseren tapferen Feministinnen und Feministen geht, die vermittelst der *Political Correctness* ein Klima der Angst geschaffen haben. *Mann* traut sich gar nicht mehr, den Mund aufzumachen und den Kaiser auf seine offensichtliche Nacktheit hinzuweisen. Deshalb sage ich: Feminismus *delendus est*! Wir müssen endlich begreifen, dass das Kriegsbeil längst ausgegraben wurde ...

Durch Suizid sterben in Deutschland pro Jahr zirka 10 000 Menschen – mehr als durch Verkehrsunfälle, Mord, Totschlag, Drogen und Aids zusammen. Der Großteil davon sind Männer. Noch verheerender ist die Situation in den USA, wo sich weiße Männer mit Abstand am häufigsten das Leben nehmen. Diese Entwicklung geht dort mit einer wahren Rauschgiftepidemie unter Weißen einher. Der Trend ist vergleichsweise neu. Früher waren überproportional häufig Schwarze unter den Drogentoten, heute ist es ein Phänomen des weißen, ländlichen Nordamerikas. Während Pharmaindustrie und verantwortungslose Ärzte, die über lange Zeiträume hinweg leichtfertig Schmerzmittel verschrieben haben, für diesen Zustand mitverantwortlich sind, haben wir es hier auch mit einer Bevölkerungsgruppe zu tun, die fühlt, dass ihre Stunde geschlagen hat, sofern kein Wunder geschieht. Und wundergläubig sind nach den Enttäuschungen des notorischen Großmauls Donald Trump nur mehr die Wenigsten. Wo ist die große Mauer, die hart arbeitende weiße Amerikaner vor illegalen Einwanderern schützen sollte? Wo sind die Massendeportationen aller illegal im Land befindlichen Personen? Stattdessen eine *De-facto*-Amnestie für Illegale. Stattdessen betont der Präsident in seiner Ansprache zur Lage der Nation im Februar 2019, er wolle mehr Migranten als jemals zuvor ins Land holen, nur müsse dies legal geschehen. Was für ein Schlag ins Gesicht für all diejenigen, die ihn wegen seiner Abschottungsrhetorik gewählt haben! Denn was für einen Unterschied macht es für einen Mechaniker aus Illinois, ob er durch einen legalen oder illegalen Mexikaner ersetzt wird? Was für einen Unterschied macht es, ob seine Kleinstadt mit legalen oder illegalen Hispanics überfremdet wird?

Hinzu tritt freilich noch der Umstand, dass die liberale Gesellschaft in den USA, aber bis zu einem gewissen Grade auch schon in der BRD und generell in Westeuropa – zumal in Schweden! – ein zunehmend anti-weißes, anti-männliches und anti-heterosexuelles Gesicht zeigt. Zwischen den Konzepten toxischer Maskulinität, angeblicher weißer Privilegiertheit und weißer Schuld sollen junge Amerikaner und Europäer ein positives Selbstbild entwickeln. Und das bei einem gleichzeitigen Fehlen männlicher Identifikationsfiguren und angesichts der Aufmärsche hysterisch kreischender Me-too-Sturmtruppen! In Australien zeigt sich ein ähnliches Bild. Eine Entwicklung oder vielmehr ein Dauerzustand, der sich auch dort in einem dramatischen Anstieg von Selbstmorden der gleichen Klientel niederschlägt.

Laut Dr. Reinhard Lindner, einem Oberarzt an der Medizinisch-Geriatrischen Klinik im Albertinen-Haus in Hamburg, zählen Situationen der Kränkung, der Trennung und des Verlustes einer Partnerin zu den Hauptursachen der hohen Suizidalität bei Männern. Einsamkeit sei ein weiterer Aspekt. Generationenübergreifend gebe es zwei Hauptmotive für den Freitod: das Gefühl der Wertlosigkeit und den Verlust der Autonomie.

Im August 2018 entwendete Richard Russell, ein 29-jähriger Flughafenangestellter, eine Bombardier DHC-8-400 vom Flughafen Seattle-Tacoma im Bundesstaat Washington, veranstaltete einige Kunstflugmanöver und brachte die Maschine dann nach etwas über einer Stunde gezielt zum Absturz. Kurz vor dem eigentlichen Suizid hatte er mit einem Fluglotsen noch einige Worte gewechselt, die die Motive für sein Handeln erhellen: Er fragte scherzhaft, ob ihm eine Fluggesellschaft einen Job als Pilot anbieten würde, falls er es schaffe, das Flugzeug sicher zu landen. Der Fluglotse scherzte zurück, dass er wohl jeden Job bekommen könne, sollte er das schaffen. Richard Russell lachte gezwungen und sagte dann: „Ja genau. Nee, das glaube ich nicht. Ich bin ein weißer Mann." Darauf bohrte er die Bombardier auf einer unbewohnten Insel vor der Küste in den Grund. In den sozialen Medien erhielt Russell schnell den Namen Sky-King, und sein außergewöhnlicher Abgang wurde für Zehntausende, wenn nicht Hunderttausende zum Beispiel einer heroischen und selbstbestimmten Willensentscheidung. Richard Russell hatte seine Autonomie in diesem letzten Moment wiedererlangt, sollte er ihrer zuvor verlustig gegangen sein. Sein Tod hat daher etwas Stoisches. Es bleibt dennoch zu hoffen, dass er keine Nachahmer findet. Wer den Mumm hat, einen so verwegenen Plan in die Tat umzusetzen, ist für den weltweiten Kulturkampf gegen die hässliche Fratze des Liberalismus, der selbstverständlich mit verbalen Mitteln geführt wird, zu wertvoll.

Wir wissen heute aufgrund einer Vielzahl von Untersuchungen, dass Menschen in überfremdeten Wohngegenden oder Bundesstaaten der USA eine weitaus geringere Bereitschaft an den Tag legen, in die Zukunft zu investieren beziehungsweise Beiträge zu leisten, die späteren Generationen zugutekommen. Auch das soziale und politische Engagement nimmt proportional zum Grad der Überfremdung ab. Es steht anzunehmen, dass es sich in anderen Ländern nicht wesentlich anders verhält. Ich selbst habe beispielsweise nach meinem Ausscheiden aus der Armee erst mit Mitte 20 ein Studium aufgenommen und fühle mich nicht bemüßigt, bald mit dem Studieren aufzuhören. Ich verspüre keine besonders große Lust, in diesem Staat auch nur einen Cent an Einkommenssteuer zu bezahlen und damit ein Regime zu stützen, das das eigene Volk austauscht.

Führt man sich vor Augen, was für Stiftungen aus Mitteln des Bundes gefördert werden, könnte man gleich schon wieder nicht so viel fressen, wie – ihr wisst schon was … Ich appelliere an jeden, der nicht ausgesprochen gut verdient, dieses System im Rahmen seiner Möglichkeiten bis zum letzten Tropfen auszuquetschen. Macht Weiterbildungen, Fortbildungen, Umschulungen! Lasst euch alles vom Amt bezahlen! Geht unbedingt wählen, aber bildet euch nichts darauf ein. Denn was ist von der Staatsbürgerschaft eines Landes zu halten, in dem auch Wehrdienstverweigerer und geistig Behinderte zur Wahlurne schreiten dürfen? Geht es noch absurder?

Henryk Broder fragte schon 2014 angesichts des überbordenden Minderheiten-Fetischs in einem *Welt*-Artikel, wer eigentlich die alten weißen Männer schütze? Niemand schützt sie. Weder die Jungen noch die Alten. Sie sind zum Abschuss freigegeben. Selbstmordrate, wen interessierts? „Hilf dir selbst, so hilft dir Gott!" schrieb bereits Gottfried Keller. Es liegt an den Bleichgesichtern, ob sie sich an den Marterpfahl binden lassen oder nicht. Wenn alle heterosexuellen weißen Männer morgen ihre Arbeit niederlegten, wäre der ganze Spuk sehr schnell vorbei. Holen wir uns unsere Länder zurück – oder schaffen wir uns verdammt noch mal ein neues!

DIE KLEINE SCHWARZE MEERJUNGFRAU

Andersens kleine Meerjungfrau wird mit einer schwarzen Schauspielerin neu verfilmt, James Bond wird seine berühmte Nummer wohl an eine ebenfalls schwarze Darstellerin abgeben müssen und eine 23 Jahre alte Studentin gewinnt für zwei vermeintlich antisexistische Holzstühle eine Auszeichnung, die eigentlich jungen Talenten vorbehalten sein sollte. Wahrlich, es sind keine guten Zeiten für den weißen, heterosexuellen Mann.

Wir haben als Kinder wohl alle die Zeichentrickverfilmung von Hans Christian Andersens kleiner Meerjungfrau Arielle gesehen. Spätestens seit der Walt-Disney-Version denken wir bei der Wassernixe an eine junge Frau mit roten Haaren. Genau so prangt sie auch auf meinem linken Unterarm. In Andersens Märchen wird die Haarfarbe der Protagonistin zwar nicht genannt, aber die erste Illustration von Vilhelm Pedersen aus dem Jahre 1849 zeigt sie unverkennbar als weiße Frau, ebenso die Illustration Bertalls von 1856. Dennoch entblödet sich Margarete Stokowski in ihrer Kolumne für *Spiegel Online* nicht, allen Kritikern einer schwarzen Arielle, die von der afroamerikanischen Sängerin Halle Bailey gespielt werden soll, Rassismus und Dummheit vorzuwerfen. Sie triumphiert: Erstens sei im Märchen nichts darüber ausgesagt, wo es spiele, außer „weit draußen im Meere", und zweitens könnten Däninnen durchaus schwarz sein. Aber es wird noch besser: Fräulein Stokowski versteigt sich nachfolgend sogar zu der Behauptung, es gebe schwarze Menschen mit roten Haaren. Kann man sich etwas Scheußlicheres denken als schwarze Menschen mit roten Haaren?

Ebenso legendär wie die kleine Meerjungfrau ist der britische Geheimagent mit der Nummer 007. Er hat nicht nur die Lizenz zum Töten, sondern bekommt auch jede Frau ins Bett, doch bald könnte es mit dem Charme des Gentleman dahin sein. Statt Martini, geschüttelt – nicht gerührt, muss man der zukünftigen Frau 007, die von der schwarzen Schauspielerin Lashana Lynch gespielt werden soll, wahrscheinlich bald einen Piña Colada reichen. Bond-Schöpfer Ian Fleming würde sich mit Sicherheit im Grabe herumdrehen, wenn er von diesem geplanten Anschlag auf 007 erführe. Falls Margarete Stokowski auch zu diesem Skandal eine Kolumne verfassen sollte, wird sie es gewiss nicht versäumen darauf hinzuweisen, dass man als Brite auch schwarz sein könne.

Aber ohnehin interessiert es in unserer Clown-Welt niemanden mehr, ob etwas im Sinne der Erfinder Fleming und Andersen ist, weil es sich bei diesen beiden Personen um heterosexuelle Männer handelte. Gegen diese Spezies wurde von der 23 Jahre jungen Studentin Laila Laural glücklicherweise unlängst ein Spezialstuhl entwickelt, der es verhindern soll, dass sie vermittels breitbeinigen Sitzens Dominanz ausüben. Man nennt diese Sitzhaltung übrigens Manspreading. Auf diese Erfindung hat die Welt gewartet! Viele weibliche Fahrgäste öffentlicher Verkehrsmittel empfinden jenes Manspreading, so heißt es auf Wikipedia, als „ein unangenehmes Eindringen in ihre Privatsphäre, dem sie fast täglich ausgesetzt sind". Zwar argumentierten die Journalisten Ash Bennington und Mark Skinner in der Vergangenheit, die gespreizte Sitzhaltung sei eine natürliche Folge der männlichen Anatomie, doch hat der *Telegraph* diese Behauptung als lupenreinen Chauvinismus entlarvt. In Fräulein Stokowskis potentieller Kolumne hieße es wohl: Nicht jeder Mann hat einen Penis und es gibt auch Frauen mit Penissen.

DIE FALSCHE GRETCHENFRAGE

Unversöhnlich stehen sich dieser Tage Robinson-Unterstützer und Robinson-Gegner gegenüber. Die Palästinafrage entzweit dabei Personengruppen, die eigentlich am selben Strang ziehen sollten, um Europa vor der Invasion eines weiteren Millionenheers aus der Dritten Welt und damit vor dem sicheren Untergang zu bewahren.

Wer aber ist Tommy Robinson? Er ist Gründer und ehemaliger CO der „English Defence League" sowie Mitbegründer der European Defence League, die sich gegen Masseneinwanderung und Islamisierung richtet. 2012 war er kurzzeitig Vizevorsitzender der proisraelischen Partei „British Freedom" und beteiligte sich an der Organisation des britischen Ablegers von PEGIDA. Am 25. Mai 2018 wurde Robinson in Leeds unter der fadenscheinigen Begründung, er habe illegal über ein laufendes Strafverfahren wegen bandenmäßigen Kindesmissbrauchs berichtet, festgenommen. Dabei werden ihm in diesem Kontext Friedensbruch und Aufhetzung vorgeworfen. Er soll deshalb für 13 Monate ins Gefängnis, die der unter Muslimen in Großbritannien bekannte und verhasste Tommy Robinson möglicherweise nicht überleben wird. Bei einer früheren Inhaftierung wurde er so oft und brutal zusammengeschlagen, dass ihm sämtliche Zähne fehlen und er deshalb schon als junger Mann eine Prothese tragen muss.

Was Robinson in altrechten Kreisen vor allem diskreditiert, sind seine eindeutige Parteinahme für die Juden in der Palästinafrage sowie ein abfälliger Kommentar anlässlich der Unite-the-Right-Kundgebung in Charlottesville. Zunächst möchte ich klarstellen, dass ich mich selbst nicht als Zionist sehe, wenngleich ich für den ursprünglichen

Zionismus eines Theodor Herzl oder eines Max Nordau durchaus Sympathien respektive Verständnis habe. Die aschkenasischen Juden waren ein Volk ohne Raum und suchten ähnlich wie die Deutschen neuen Lebensraum im Osten. Das hat die Hochschule für jüdische Studien in Heidelberg indes nicht davon abgehalten, mir, der ich dort eine Vorlesung über die Geschichte des Zionismus besuchte, nach einem Antifa-Outing ein dauerhaftes Hausverbot auszusprechen. Die Achillesferse des späteren Zionismus war die Fixierung auf Palästina als Siedlungsgebiet. In Argentinien etwa hätte sich der jüdische Staat wahrscheinlich viel leichter etablieren können. Die jüdischen Siedler haben der palästinensischen Bevölkerung bei ihrer Landnahme viel Leid zugefügt. Und durch den anhaltenden Siedlungsbau werden bis auf den heutigen Tag hin ähnliche Verbrechen im Kleinen wiederholt. Man könnte polemisch feststellen: Die Juden haben aus ihrer Geschichte nichts gelernt. Sie machen im Vergleich zu den Deutschen eine schlechte Figur bei der Vergangenheitsbewältigung. Aber ist das wirklich tadelns- oder eher lobenswert? Sollten wir uns nicht vielmehr eine Scheibe von diesem Umgang mit der eigenen Geschichte abschneiden? Und dies gilt auch für die Amerikaner, die Briten, die Franzosen und Schweden. So weit, so polemisch. Natürlich gibt es auch in Israel eine Opposition, und diese ist zahlreich, jung, oft akademisch gebildet und linksversifft – genau wie in allen anderen westlichen Staaten.

Aber zurück zum Kern der Palästinafrage: Diese von Juden begangenen Verbrechen sollten nicht relativiert werden, aber die Altrechten sollten die Vertreibung der Palästinenser auch nicht ständig einer Monstranz gleich vor sich hertragen und zeitgleich bittere Tränen darüber vergießen, dass ihre eigenen sogenannten Eliten von einer singulären Schuld oder einer besonderen Verantwortung sprechen. Wer hier pauschal gegen Flüchtlinge aus dem arabischen Raum wettert, will plötzlich ein ganz großes Herz für Araber haben, wenn es um die Palästinafrage geht? Das ist doch mindestens verwunderlich.

Wenn ich über die Palästinafrage nachdenke, versuche ich einfach komplett auszublenden, dass es sich bei einer Gruppe um Juden, bei der anderen um Araber handelt (auch wenn die Juden natürlich wieder in verschiedene Untergruppen aufgefächert werden können und strenggenommen müssen, denn was haben ein Mizrachim und ein aschkenasischer Jude neben der Religion gemein? Die Abstammung jedenfalls nicht). Am besten wird es sein, man denkt an blaue und rote Heinzelmännchen. Die Blauen bewohnen ein zusammenhängendes Territorium, die Roten einen mikroskopisch kleinen Streifen Land am westlichen Rand des Staates Israel und zusätzlich ein etwas größeres Gebiet im Nordosten, welches an einen größeren Staat grenzt, der komplett von roten Heinzelmännchen bevölkert ist. Ich war früher ein Verfechter der Zwei-Staaten-Lösung und bin es in gewissem Maße auch heute noch. Allerdings ist der Gaza-Streifen ein Fliegenschiss innerhalb des winzigen Staates Israel, der als Ganzes schon als Vogelschiss im Nahen Osten durchgehen könnte. Mein persönlicher Vorschlag würde dahin gehen, den Gaza-Streifen zu räumen, die Palästinenser von dort ins Westjordanland oder nach Jordanien umzusiedeln und die Gründung eines echten Palästinenserstaates im Westjordanland voranzutreiben. Aber selbst wenn die Palästinenser auch das Westjordanland aufgeben müssten, könnten sie ihre biologische Substanz, ihre Sprache und ihr Brauchtum im Nachbarland Jordanien problemlos bewahren. 98 Prozent der Jordanier sind Araber, und damit ist Jordanien hinsichtlich der biologischen Homogenität seiner Bevölkerung mit den Ethnostaaten Polen und Japan vergleichbar. Und auch die unlängst ins Land gekommenen Syrer sind Araber, die dieselbe Sprache sprechen. Über 50 Prozent der arabischen Bevölkerung Jordaniens stammen ohnehin von den etwa 800 000 zugewanderten Palästinensern ab, die nach dem Palästinakrieg und dem Sechstagekrieg ins benachbarte Jordanien geflüchtet waren. Die beiden größten Städte Jordaniens, Amman und Zarqa, haben palästinensische Bevölkerungsmehrheiten von 90 bis 99 Prozent. Wenn die Jordanier bei sich palästinensische Flüchtlinge aufnehmen, ist das nicht mit einer Aufnahme von Arabern und Afghanen durch die Bundesrepublik vergleichbar, sondern bestenfalls mit der Aufnahme und Integration der deutschen Vertriebenen aus den Ostgebieten nach dem Zweiten Weltkrieg.

Wenn mich diese nüchternen Überlegungen in den Augen mancher Rechter zu einem Zionisten machen, dann sollen sie mich meinetwegen einen Zionisten nennen. Das wäre nur ein weiteres Schimpfwort, ein weiterer Beiname neben den Zuschreibungen „Rassist" und „Nazi", der mich nicht weiter stören würde. Es erscheint mir beinahe als absurd, dass die Frage, ob man eher für Palästina sei oder eher für Israel, für so viele Mitstreiter die Gretchenfrage schlechthin darstellt! Kein Hahn kräht hingegen danach, ob man eher für Indien oder eher für Pakistan stehe, ob man im Falle eines Pazifikkrieges für Japan einstehen werde oder sich mit China verbünden wolle. Ob jemand es in der Palästinafrage mit den Juden oder den Palästinensern hält, ist für unseren Kampf gegen die Invasion der Dritten Welt in etwa so entscheidend, wie die Frage, ob jemand morgens eher mit dem linken oder mit dem rechten Fuß aufsteht! Wer die Juden oder wahlweise auch die Moslems als monolithischen Block betrachtet, der uns Europäern angeblich feindlich gesinnt ist, wird meine Argumentation natürlich nicht nachvollziehen können. Für keine der Religionen, die im Spiel sind, habe ich persönlich auch nur das Geringste übrig. Allerdings stehe ich auch dem Christentum kritisch gegenüber. All diese monotheistischen Buchreligionen, die auf den Tod hin ausgerichtet sind, gehören meines Erachtens überwunden. Sie sollten durch eine Religion des Lebens ersetzt werden, wenn die Menschen schon nicht in der Lage sind, ohne Religion zu leben.

Wenn man unbedingt irgendeine Verschwörung gegen das deutsche Volk aufdecken möchte, dann sollte man, statt reflexartig die verstaubten und nie wirklich ernst genommenen Vorschläge Hootons, Kaufmanns, Nitzers und Morgenthaus zu bemühen und sich damit dem öffentlichen Gelächter preiszugeben, lieber auf die Amtskirchen verweisen. Die Pfaffen haben durch ihre Haltung und ihr Engagement in Flüchtlingsfragen sicherlich mehr Schaden angerichtet als ein Benjamin Netanjahu. Man kann natürlich sagen, Netanjahus Politik produziere Flüchtlinge. Das ist durchaus richtig. Besonders wenn wir unseren Blick von Palästina nach Syrien schweifen lassen. Es sind allerdings dieselben Leute, die darauf beharren, die meisten sogenannten Flüchtlinge seien erstens keine Kriegsflüchtlinge und zweitens keine Syrer, die dann im gleichen Atemzug davon sprechen, dass Israel die Lage in Nahost destabilisiere und die Flüchtlingsproduktion gleichsam für sich gepachtet habe. Was stimmt denn jetzt?

Noch einmal: die Lage wird tatsächlich durch die Existenz des Staates Israel und seiner letztlich aus Furcht resultierenden aggressiven

Außenpolitik destabilisiert. Die größte Zahl der tatsächlichen Kriegsflüchtlinge hält sich allerdings noch in einer anderen Region des Landes auf, in dem Krieg herrscht, oder hat in einem der Anrainerstaaten Zuflucht gefunden. Den Glücksrittern, die zu uns kommen, geht es zumeist nicht um Schutz vor Verfolgung oder dergleichen mehr, sondern um ein Leben in Saus und Braus. Ist Israel für die Lage in Eritrea oder Somalia verantwortlich? Welche geostrategischen Interessen verfolgt der kleine Staat Israel im Maghreb?

Man könnte gegebenenfalls folgendermaßen argumentieren: Die richtigen Zionisten, die ganz beinharten, wollen Europa mit Moslems fluten, um die noch in Europa lebenden Juden zur Auswanderung nach Israel zu bewegen. Das sei der wahre Grund für die Beseitigung Muammar Muhammad Abdassalam Abu Minyar al-Gaddafis gewesen. Ich weiß, dass es zionistische Organisationen gibt, in denen die Islamisierung Europas aus diesem Grund zumindest nicht negativ gesehen wird. Allerdings sind das Hardliner, die in krassem Gegensatz zu Tommy Robinson stehen, der ja gerade *gegen* die Islamisierung Großbritanniens und Europas aufgetreten ist. Wurde Tommy Robinsons Inhaftierung vielleicht gar von den Zionisten in die Wege geleitet? Das wäre dann ein Fall für das berühmte *Credo, quia absurdum est* – Ich glaube, weil es absurd ist.

Von vielen Altrechten wird bemängelt, dass die Neue Rechte stumm geblieben sei, als Ursula Haverbeck, eine 89-jährige Holocaust-Ungläubige, vom deutschen Staat in den Kerker geworfen wurde, während bei der Inhaftierung Robinsons offensichtlich ein Sturm der Entrüstung durch die Reihen der Konservativen und der Identitären Bewegung gegangen ist. Diese Zurückhaltung war sicher nicht – oder wenigstens nicht nur – taktischer Natur. Ich kann gut nachvollziehen, dass viele Neurechte ein Problem damit hatten, sich für eine Holocaustleugnerin einzusetzen, weil sie nun einmal nicht daran zweifeln, dass von den Nationalsozialisten millionenfaches Leid verursacht wurde und sehr viele unschuldige Juden den Antisemitismus der NSDAP letztlich mit dem Leben bezahlen mussten. Das Hantieren mit Opferzahlen, das ja in der BRD und in anderen Ländern schon unter Strafe steht, empfinden sie daher als pietätlos. Ich selbst, der ich in meiner Jugend Unmengen an revisionistischer, verbotener Literatur verschlungen habe, sehe das mittlerweile durchaus ähnlich. Trotzdem habe ich meinen Unmut gegen Ursula Haverbecks Verurteilung in Facebook-Posts und zahlreichen Gesprächen mit Kommilitonen usw. kundgetan; auf die Gefahr hin, mit Holocaustleugnern in eine Ecke gestellt zu werden. Warum? Weil es für mich kaum ein höheres Gut als die Meinungsfreiheit gibt! Die Paragraphen 130 StGB und 86 a sind eines freien und demokratischen Staates unwürdig und gehören ersatzlos aus dem Gesetzbuch gestrichen – ebenso der Wiederbetätigungsparagraph in der Republik Österreich. Ich bin deshalb auch dafür, dass ein Malik Karabulut die Deutschen ungestraft als „Köterrasse" bezeichnen darf, auch wenn Martin Sellner in diesem Zusammenhang von einem „Krieg gegen das eigene Volk" gesprochen hat und die Hamburger AfD-Fraktion die Entscheidung der Staatsanwaltschaft als „skandalös, aber leider absehbar" bezeichnete. Ich trete für das Recht Karabuluts ein, das Gegenteil von dem zu sagen oder zu schreiben, was ich denke. Umgekehrt muss es einem Deutschen dann aber auch möglich sein, die Volksgenossen von Herrn Karabulut als „Köterrasse" zu bezeichnen! Es ist nicht meine Intention, dies jemals zu tun, aber es sollte jedem freistehen, seine Meinung zu äußern. Punkt. Ein Voltaire zugeschriebenes Zitat speist sich aus demselben Geist, den der erste Zusatzartikel zur amerikanischen Verfassung atmet. Es lautet: „Ich mag verdammen, was du sagst, aber ich werde mein Leben dafür einsetzen, dass du es sagen darfst."

Zusammenfassend möchte ich folgende Aussagen treffen:

1. Wer sich dieser Tage in Europa gegen den großen Austausch zur Wehr setzt, den betrachte ich als Verbündeten.
2. Ob diese Person persönliche Kontakte zu israelischen Zionisten oder zum Großmufti von Ägypten hat, spielt dabei für mich keine Rolle.
3. Weder die Aussagen Ursula Haverbecks noch die Entgleisungen Malik Karabuluts sollten in einem freien Staat unter Strafe stehen.

DER WEISSE ETHNOSTAAT

Von einem Sturm im Wasserglas ist die Rede, wenn eine unbedeutende Sache innerhalb eines kleinen Kreises für große Aufregung sorgt. Im Italienischen existiert das Idiom wortgetreu als *tempesta in un bicchiere d'aqua*, und der Engländer spricht selbstverständlich vom storm in a teacup. In gewisser Weise kann hinsichtlich der Reaktionen auf den Nova-Europa-Gedanken von einem solchen Wasserglas- oder Teetassenorkan gesprochen werden. Die u. a. von Arthur Kemp und mir vorgeschlagene Langzeitstrategie hat innerhalb des patriotischen Lagers in Deutschland in den vergangenen Jahren zu hitzigen Debatten geführt. Dennoch möchte ich mich entschieden gegen eine Charakterisierung des Diskurses als Sturm im Wasserglas aussprechen, da es sich bei dem Thema mitnichten um ein unbedeutendes handelt. Es geht vielmehr im wahrsten Sinne des Wortes um Sein oder Nichtsein!

In aller Kürze möchte ich deshalb darlegen, weshalb ich die Schaffung eines weißen Ethnostaates für unbedingt erforderlich halte und in diesem Schritt den Schlüssel zum Überleben der weißen Rasse erblicke.

Zunächst eine Bestandsaufnahme: Der Zustrom von illegalen Einwanderern aus dem Nahen und Mittleren Osten sowie aus allen Teilen Afrikas, der 2015 einen vorläufigen Höhepunkt erreichte, hält weiter an. Blutige Auseinandersetzungen zwischen verschiedenen Gruppen von angeblich Schutzsuchenden gehören mittlerweile zum Alltag in der Bundesrepublik. Daneben jagt ein „tragischer Einzelfall" den nächsten. Orte wie Kandel stehen heute schon metonymisch für die unvorstellbaren Verbrechen, die dort von vorgeblich minderjährigen

Migranten verübt wurden. Ein Blick auf die amtliche Kriminalstatistik macht fassungslos, doch noch viel fassungsloser macht die Lernresistenz der Deutschen – und anderer Europäer, die alle Jahre wieder ihr Kreuzchen an die falsche Stelle setzen.

Dabei sind die von Migranten verübten Verbrechen, so zynisch es klingen mag, noch das geringste Problem. Viel schwerer wiegt auf lange Sicht die relativ hohe Fertilität der Neuankömmlinge im Vergleich zur Sterilität einheimischer Frauen, was für einen regelrechten Bevölkerungsaustausch sorgt. Verluste einzelner Individuen – etwa im Kriege – kann jedes Volk und jede anthropologische Großgruppe ertragen, eine signifikante Veränderung ihrer genetischen Zusammensetzung – namentlich infolge Vermischung – ist hingegen gleichbedeutend mit dem Verschwinden der Gruppe.

Die einzige halbwegs erfolgreiche Partei in Deutschland, die sich wenigstens implizit gegen diesen großen Austausch wendet, ist momentan die Alternative für Deutschland. Aber was hätte es genützt, wenn bei der letzten Bundestagswahl doppelt so viele Menschen die AfD gewählt hätten? Wenn also 25,2 Prozent der Wähler ihre Stimme dieser Partei gegeben hätten und nicht 12,6 Prozent? Sicher, es wäre ein Achtungserfolg für die Partei gewesen, aber hätte dieses Ereignis dazu geführt, dass das Ruder noch einmal herumgerissen worden wäre? Leider lautet die Antwort klipp und klar: Nein. Einen grundsätzlichen Politikwechsel kann nur derjenige herbeiführen, der die absolute Mehrheit der Stimmen auf sich vereinigt – und mehr noch: der mit Abstand die absolute Mehrheit erlangt. Donald Trump mag als aktuelles Beispiel dienen. Er hat die Präsidentschaftswahlen souverän gewonnen, aber seine bisherige Regierungszeit ist von Handlungsunfähigkeit in innenpolitischen Fragen gekennzeichnet, was sogar zweimal zu einem Government-Shutdown geführt hat.

Nehmen wir folgendes unwahrscheinliche Szenario einmal an: Die AfD kommt bei der nächsten Bundestagswahl auf 30 Prozent, die FDP auf 6 Prozent und CDU/CSU landen zusammen bei 15 Prozent. Die Grünen schaffen es bei der Wahl auf 26 Prozent, Die Linke erhält 10 Prozent der Stimmen, während die SPD an der Fünf-Prozent-Hürde scheitert. Dafür zieht Die Partei mit 8 Prozent der Stimmen erstmals in den Bundestag ein. Im Gespräch ist zunächst eine Regenbogenkoalition aller

Parteien gegen die AfD, schließlich läuft es aber doch auf eine Koalition der zuerst genannten Parteien hinaus, weil hunderttausende Sachsen, Thüringer und Brandenburger ihren Protest wochenlang ununterbrochen auf die Straße tragen, und Alexander Gauland wird Bundeskanzler. In den Koalitionsverhandlungen pochen CDU/CSU und FDP auf eine Abmilderung der von der Alternative für Deutschland formulierten Ziele, die Einwanderungsgesetzgebung betreffend. Das grundsätzliche Recht auf Asyl wird nicht in Frage gestellt. Eine Obergrenze wird nach zähem Ringen von der AfD auf 100 000 Mann jährlich heruntergehandelt. Das entspricht der erlaubten Truppenstärke der Reichswehr zu Zeiten der Weimarer Republik. Jedes Jahr hätte man also künftig nur noch mit einer einzigen Armee von sogenannten Flüchtlingen zu rechnen, die in Deutschland einsickern würde, wobei andere Arten der Einwanderung – etwa die Arbeitsmigration – in diesem Beispiel bewusst ignoriert werden. Großangelegte Abschiebemanöver von abgelehnten Asylbewerbern und illegalen Einwanderern werden in der Regierungserklärung angekündigt, in die Tat umgesetzt werden sie nicht, weil die Herkunftsländer der entlaufenen Glücksritter sich aus gutem Grund weigern, diese Personen wieder aufzunehmen.

Was hätte man also im Falle eines Eintretens dieses besten aller (bei gesundem Verstand) denkbaren Szenarien erreicht? Man hätte, wenn wir bedenken, dass schon vor der großen Flüchtlingswelle annähernd 40 Prozent der in Deutschland geborenen Kinder einen Migrationshintergrund hatten, den Untergang auf ein paar Jahre hinausgeschoben. Unvermeidlich wäre er bei ansonsten gleichbleibender Entwicklung trotzdem.

Viktor Orbán hat am 15. März 2018 ausgesprochen, was uns bevorsteht: „Die westeuropäischen Jugendlichen werden es noch erleben, wie sie in ihrem eigenen Land zur Minderheit werden und den einzigen Ort auf der Welt verlieren, den man als Zuhause bezeichnen kann."[9] Diese Einschätzung teile ich voll und ganz. So weiterzumachen wie bisher und auf ein Wahlwunder, wahlweise auch auf eine

---

9   Orbán, Viktor: „Es geht um die Zukunft – Kulturelle Besetzung oder nicht?", in: *Epoch Times*, 17.03.2018, im Netz unter: https://www.epochtimes.de/politik/europa/viktor-orban-es-geht-um-die-zukunft-kulturelle-besetzung-oder-nicht-a2377249.html.

Finanzkrise zu hoffen, die alles irgendwie richten wird, halte ich für naiv. Die Jünger Jesu erwarteten noch zu ihren Lebzeiten die Rückkehr des Herrn. Und wenn sie nicht gestorben wären, dann würden sie bis heute darauf warten!

Und allen, die auf einen Bürgerkrieg hoffen, sage ich: Er kommt erstens nicht, sonst wäre er in Birmingham, London, Detroit, Mannheim, Paris und vielen anderen Städten längst ausgebrochen, und zweitens würde ich mich nicht über einen solchen Krieg freuen. Warum nicht? Sicher nicht, weil ich zu feige wäre, zu kämpfen. Es ist ganz einfach so, dass ich nichts gegen die Kinder oder Enkel türkischer Gastarbeiter habe. Sie haben mir nichts getan. Die Möchtegern-Reinkarnationen Hermann des Cheruskers, die mir ununterbrochen Feigheit vor dem Feind unterstellen, sollten sich einmal fragen, wen sie da zu Kombattanten erklären!

Man kann Leuten, die seit Jahrzehnten in Deutschland leben, auch nicht einfach sagen: Geht jetzt nach Hause. Sie werden antworten: Deutschland ist unser Zuhause – zumal diejenigen, die hier geboren sind. Manche Migranten in der zweiten oder dritten Generation sprechen nicht einmal mehr die Sprache ihrer Eltern oder Großeltern. Selbst eine identitäre Regierung, die mit 51 Prozent der Stimmen legitimiert wäre, könnte guten Gewissens nur Schadensbegrenzung betreiben. Eine Repatriierung aller in den letzten zehn bis 15 Jahren eingewanderten Nichteuropäer und eine Schaffung von Anreizen zur Rückwanderung derer, die in der zweiten Generation hier leben und im zeugungsfähigen Alter sind, halte ich gerade noch für vertretbar. Das Problem würde dadurch allerdings nicht hinreichend gelöst. Und wie stünde es im westeuropäischen Kontext um die Millionen von Mulatten[10], die einen europäischen Elternteil besitzen? Allein in Mannheim geht deren Zahl in die Tausende.

Je länger ich darüber nachdenke, desto klarer sehe ich, dass uns nicht viele Möglichkeiten bleiben, die erstens *praktisch durchführbar* und *zweitens moralisch vertretbar* sind. Es kann nicht darum gehen, in

---

10 Die Bezeichnung „Mulatte" wird hier völlig wertfrei für die Nachkommen eines schwarzen und eines weißen Elternteils verwendet. Das Wort geht auf das spanische und portugiesische Wort „mulato" zurück und wurde im 16./17. Jh. ins Deutsche übernommen. Negative Konnotationen sind nicht intendiert.

den überfremdeten Städten einen Rassenkrieg vom Zaun zu brechen, sondern es muss in erster Linie darum gehen, eine Ansiedlung von Nichteuropäern in den Gegenden Ostdeutschlands zu verhindern, in denen es bislang kaum sichtbare Minoritäten gibt. Die Vorsitzende der widerlichen Amadeu-Antonio-Stiftung, Anetta Kahane, klagte im Sommer 2015, es sei „die größte Bankrotterklärung der deutschen Politik nach der Wende" gewesen, dass sie zugelassen habe, „dass ein Drittel des Staatsgebiets weiß" geblieben sei.[11] Nicht die Migranten, sondern Menschen wie Kahane sind unsere wahren Feinde. Was sie im Schilde führen, kann man nur als Genozid durch Vermischung mittels gezielter Ansiedlung von Nichtweißen bezeichnen.

Eine erneute Teilung Deutschlands, um im östlichen Teil wenigstens die Sprache und biologische Grundlage des Deutschtums zu erhalten, ist die einzig humane Lösung des Problems, das im Wesentlichen der deutsche Wähler zu verantworten hat. Im Westen könnten in einem solchen Fall die Multikultis weiterhin ihren Traum leben, der für einen Teil auch der Westdeutschen längst zum Alptraum geworden ist … Diese Westdeutschen wären im Osten mit Sicherheit willkommen.

In welchen Territorien aber ließe sich die Schaffung von europäischen Ethnostaaten sonst noch verwirklichen? Richard Girnt Butler warb bereits in den 80er Jahren des vergangenen Jahrhunderts für seinen Plan, die in den USA lebenden Weißen dazu zu bewegen, sich in den Bundesstaaten Idaho, Oregon und Washington sowie dem westlichen Teil Montanas anzusiedeln. Insbesondere die demographischen Verhältnisse sprechen dafür, den Fokus bei der Installierung eines weißen Kernlandes auf diese Regionen zu richten. Die wichtigste Frage bei der Suche nach einem Territorium muss immer lauten: Wo müssen am wenigsten Menschen bewegt werden?

Weitere Vorschläge reichen von Alaska über Osteuropa bis Neuseeland. Letzteres Territorium habe ich selbst 2013 in dem Zukunftsroman *Das Kreuz des Südens – Exodus aus Europa* als Beispiel für eine europäische Alternative gewählt.

---

11 Dernbach, Andrea/ Eubel, Cordula: „Es ist Zeit für einen neuen Aufbau Ost", in: *Der Tagesspiegel*, 15.07.2015, im Netz unter: https://www.tagesspiegel.de/politik/fluechtlinge-in-deutschland-es-ist-zeit-fuer-einen-neuen-aufbau-ost/12062620.html.

Es ist klar, dass nicht jedes Volk und erst recht nicht jeder Stamm Europas auf dem Wege einer Koloniegründung wird gerettet werden können. Die Kräfte müssen in der Tat gebündelt werden! Die Hauptziele lauten in dieser Reihenfolge:

1. Sicherstellen des Überlebens der weißen Rasse;
2. Bewahrung subrassischer Spezifika in charakteristischen Populationen;
3. Erhalt der größeren Völker und Sprachen Europas durch sekundäre Siedlungsprojekte;
4. Bewahrung regionaler Eigenheiten, Bräuche etc.

Die Integrität der weißen Rasse lag auch dem ehemaligen deutschen Gouverneur von Samoa, Wilhelm Solf, am Herzen, der in der 1912 geführten Reichstagsdebatte über die Zulässigkeit von Mischehen in Deutsch-Südwestafrika folgenden Appell an die Abgeordneten richtete: „[M]eine Herren, lassen Sie diese Tatsachen auf sich wirken, Ihre Instinkte als Deutsche, als Weiße! Die ganze deutsche Nation wird Ihnen Dank wissen, wenn Sie keine andere Erwägung haben als die: wir sind Deutsche, wir sind Weiße und wir wollen Weiße bleiben."[12] Er selbst hatte zuvor auf Samoa ein Mischehenverbot erlassen.

Und es geht mir nicht um mich persönlich. Ich wohne mitten in einem türkischen Stadtbezirk und könnte als der Kosmopolit, der ich bin, auch in einer Stadt wie Hongkong relativ glücklich und zufrieden leben, wenn ich wüsste, dass die Weißen irgendwo auf der Welt in einem *definierten* Territorium eine *gesicherte* Zukunft haben.

Aber welche Größe müsste ein solcher Ethnostaat haben, um lebensfähig zu sein? Sachsen hat etwas mehr als vier Millionen Einwohner, Finnland 5,5 Millionen. Doch selbst wenn sich nur Mecklenburg-Vorpommern aus dem Bundesverband lösen würde, was aus geostrategischer Sicht wegen des Zugangs zur Ostsee und des möglichen Anschlusses an Polen besonders begrüßenswert erscheint, stünde es mit 1,6 Millionen Einwohnern noch besser da als beispielsweise Estland, – von Island mit seinen 334 000 Seelen ganz zu schweigen!

---

12 *Verhandlungen des Reichstages*, Bd. 285, XIII. Legislaturperiode, I. Session, 53. Sitzung, 2. Mai 1912, Berlin 1912, S. 1648–1649.

Falls der Ost-West-Konflikt eines Tages zu einem tatsächlichen Intermarium bzw. zu einer Ostsee-Schwarzmeer-Allianz führen sollte, wie sie von dem ukrainischen Geopolitiker Yurii Lypa favorisiert wurde, wären Mecklenburg-Vorpommern und ein souveränes Sachsen-Thüringen die idealen Partner in diesem mitteleuropäischen Block.

Überhaupt sollten wir damit anfangen, ungewöhnliche Allianzen zu bilden. Wir müssen die Vergangenheit ganz hinter uns lassen und umso entschlossener an die Gestaltung der Zukunft gehen! Als radikaler Pragmatiker würde ich deshalb auch die Entstehung eines schwarzen Ethnostaates auf dem Boden der Vereinigten Staaten befürworten – und zwar im Südosten der USA. Der ohnehin schon am dichtesten von Schwarzen besiedelte Teil des Landes umfasst die Bundesstaaten Louisiana, Mississippi, South Carolina, Alabama und Georgia. Zwar hätte der Verlust South Carolinas für mich persönlich einen bitteren Beigeschmack, weil mein Großvater mütterlicherseits einer Tabakpflanzerfamilie aus Mullins, SC, entstammt und einer meiner Vorfahren Ende des 17. Jahrhunderts sogar Gouverneur der beiden Carolinas gewesen ist. Aber von diesen Sentimentalitäten darf ich mich nicht leiten lassen, wenn es um das große Ganze geht.

Wir sollten die Forderung schwarzer Separatisten nach einem eigenen Staat schon deshalb unterstützen, weil dadurch die Entstehung eines weißen Ethnostaates begünstigt werden könnte. Gleichzeitig würde ein sich konstituierender schwarzer Ethnostaat Farbige aus unseren potentiellen Siedlungsgebieten im Norden anziehen. Damit hätten wir gleichsam zwei Fliegen mit einer Klappe geschlagen!

Die zionistische Vision jüdischer Intellektueller wie Theodor Herzl war letztlich eine Antwort auf Antisemitismus einerseits und Assimilationstrends innerhalb des europäischen Judentums andererseits. Dabei war das Wo für die Schaffung eines Judenstaates zunächst nicht entscheidend. Eine ähnlich geartete Bewegung weißen Identitätsbewusstseins haben wir dieser Tage nötiger denn je.

Erklärtes Ziel dieser Bewegung muss die Schaffung einer oder mehrerer öffentlich-rechtlich gesicherter Heimstätten für Europäer auf dem Planeten sein. Sollte es am Ende darauf hinauslaufen, dass nicht eine Vielzahl von Ethnostaaten entstehen, sondern nur ein einziger Ethnostaat gegründet werden kann und hierbei kein europäisches

Volk die überwältigende Mehrheit der Siedler stellt, könnte als *Lingua Franca* nach einer Übergangsphase, in der vermutlich das Englische dominieren würde, nach und nach die von dem Deutsch-Balten Edgar von Wahl entwickelte Hilfssprache Occidental Verwendung finden. Im Augenblick sind derlei Überlegungen jedoch zweit-, ja drittrangig. In erster Linie gilt es, unter den heute lebenden Menschen europäischer Abstammung genügend Förderer und potentielle Pioniere für Siedlungsprojekte zu akquirieren.

Richard Spencer ist der Ansicht, wir sollten hinsichtlich eines weißen Ethnostaates nur das Samenkorn ausbringen, um künftige Generationen das Projekt in die Tat umsetzen zu lassen. Ich glaube hingegen, dass unsere Generation diese Aufgabe in Angriff nehmen muss. Wie der Antisemitismus in Europa zum Schrittmacher für den Zionismus und die Staatsgründung Israels wurde, so können auch die Masseneinwanderung und die damit einhergehende Auflösung der westeuropäischen Gesellschaften zu Katalysatoren für die Schaffung eines weißen Ethnostaates in den USA und eines deutschen Ethnostaates auf dem Gebiet der ehemaligen DDR werden.

Wenn es uns nicht gelingen wird, uns in einer oder mehreren Willensnationen zusammenzufinden, die konstitutionell auf den Erhalt des europäischen Menschen ausgerichtet sind, lautet die Frage nicht, ob die Weißen verschwinden werden, sondern nur noch, wann genau dies der Fall sein wird. Es müssen Ethnostaaten entstehen, oder wir weißen Westeuropäer werden ein weiteres Millennium nicht erleben. *Tertium non datur!*

FEMINISMUS UND SEXUALDIMORPHISMUS

Der englische Schriftsteller Gilbert Keith Chesterton, Schöpfer der literarischen Figur des Pater Brown, charakterisierte eines der Axiome des Feminismus wie folgt: Frauen seien frei, wenn sie ihren Arbeitgebern dienten, jedoch Sklavinnen, wenn sie ihre Ehemänner unterstützten. Nachdem wir den Feminismus in der Vergangenheit von der Warte des Mannes aus gegeißelt haben, wollen wir dessen Segnungen nun einmal vorwiegend aus der Perspektive der Frauen betrachten.

Das letzte halbe Jahrhundert kann nur als Siegeszug des Feminismus gedeutet werden, dessen Anhängerinnen und Anhänger sich seit einigen Jahren zusehends radikalisieren. Die Mein-Bauch-gehört-mir-Rhetorik war seit den 1970er Jahren ein fester Bestandteil dieser Bewegung. Der 1871 ins Reichsstrafgesetzbuch aufgenommene Paragraph 218 stellte fest, dass eine Schwangere mit bis zu fünf Jahren Zuchthaus zu rechnen habe, sofern sie vorsätzlich abtreibe oder im Mutterleib töte. Im Dritten Reich wurde in der Praxis zwischen erbkrankem Nachwuchs und gesunden Babys differenziert. Auf die Ermordung gesunder Kinder im Mutterleib stand fortan die Todesstrafe, während die Abtreibung erbkranken Nachwuchses erzwungen wurde. Nachdem in den beiden deutschen Staaten nach dem Krieg unterschiedliche Wege beschritten worden waren, musste nach Wende und Wiedervereinigung eine gemeinsame Lösung gefunden werden. Dieser Kompromiss kam 1995 zu Stande. Er erlaubt auch die Abtreibung von gesunden Kindern, allerdings nur bis zur zwölften Schwangerschaftswoche. Immer wieder werden jedoch Forderungen radikaler Feministinnen laut, eine Abtreibung bis zum letzten Tag zu ermöglichen bzw. die Paragraphen zu streichen, die aus ihrer Sicht in das Selbstbestimmungsrecht der Frau eingreifen. Die stellvertretende Bundesvorsitzende der Jusos, Katharina Andres, hat 2018 an einem dahingehenden Beschluss des Juso-Bundeskongresses federführend mitgewirkt. Gegenüber der *Welt* ließ sie sich wie folgt vernehmen: Ein Schwangerschaftsabbruch sei vollkommen legitim; es sei in Ordnung zu sagen: „Ich möchte nicht schwanger sein." So, so, Fräulein Andres. Es ist also nur Sache der Frau, ob sie schwanger sein möchte oder nicht. Meinetwegen ... Aber wenn das Kind einmal da ist, kann der Vater noch so sehr für eine Abtreibung gewesen sein. Zahlen muss er trotzdem! Da heißt es dann gleich: „Dazu gehören immer zwei."

Aber wir wollten ja heute die Perspektive des zarten Geschlechts einnehmen. Obwohl ich selbst gegen eine Kriminalisierung von Schwangerschaftsabbrüchen bin, weil in aller Regel diejenigen Personen abtreiben, die am Verhüten gescheitert sind, weiß ich doch um die schweren psychischen Belastungen, unter denen Frauen leiden, die einmal oder wiederholt eine Tötung ihres eigenen Nachwuchses veranlasst haben. Allerdings gibt es heute bereits Superfeministinnen, die sich mit ihren Kindsmorden rühmen, als handele es sich um die Abschüsse feindlicher Flugzeuge. T-Shirts mit dem Slogan „Ich habe abgetrieben" sind auf Pro-Choice-Demonstrationen keine Seltenheit. Da haben sie es den Männern aber ganz schön gezeigt. Chapeau!

Mir kommt bei diesem Gebaren die griechische Sage von Iason und Medea in den Sinn. Letztere tötet die gemeinsamen Söhne, um an ihrem Gatten Rache für seine Untreue zu üben. Aber auch Prokne, die ihrem Gemahl den eigenen Sohn zum Essen auftischt, nachdem sie erfährt, dass ihr Mann ihre Schwester vergewaltigt hat, möchte man mit diesen blutdürstigen Femen-Geschwadern assoziieren.

Doch wenden wir uns kurz einem anderen Gebiet zu, auf dem der Feminismus Großes vollbracht hat: dem Arbeitsmarkt. Es gab Zeiten, in denen ein fleißiger Handwerker oder Angestellter von seinem Lohn mit Leichtigkeit eine mehrköpfige Familie ernähren, ab und zu mit Frau und Kindern in den Urlaub nach Italien fahren und irgendwann ein Haus bauen konnte. Dass diese Zeiten schon längst Geschichte sind, liegt nicht nur, aber auch am Überangebot von gleichqualifizierten männlichen und weiblichen Arbeitskräften. Es wird wohl niemand ernsthaft bestreiten wollen, dass trotz der auf dem Papier zweifellos steigenden Löhne die Kaufkraft von Arbeitern und Angestellten über die Jahre gesunken ist. Angebot und Nachfrage regeln den Markt – das gilt auch für den Arbeitsmarkt. Ich werde jetzt ein wenig holzschnittartig: Als hauptsächlich die Männer das Geld verdienten, während die Frau sich um die gemeinsamen Kinder und den Haushalt kümmerte, *musste* ein Gehalt ausreichen, um eine Familie zu ernähren, sonst wären jene Männer ihren Arbeitgebern aufs Dach gestiegen. Da heute Frauen wie Männer in gleicher Weise am Arbeitsmarkt teilhaben, muss das Gehalt für einen Arbeiter oder Angestellten auch nur noch ausreichen, um *eine* Person über die Runden zu bringen. Diese Situation ist für Frauen und Männer gleichermaßen unbefriedigend.

Frauen wird von feministischer Seite immer wieder eingetrichtert, sie müssten sein wie die Männer. Das geht schon bei der Werbung los, denn mittlerweile weiß man auch im Marketing darüber Bescheid, dass mit Feminismus Geld zu machen ist. Ob es sich um ein Plakat handelt, auf dem ein Mädchen auf einem BMX-artigen Fahrrad mit Latzhose zu sehen ist, begleitet von dem Spruch „Glaub an dich", oder um ein Parfüm, welches sich „Girls Can Do Anything" nennt: die Botschaft ist die gleiche. Sie lautet: „Frauen können alles, was Männer können." Leider stimmt das nur bedingt, wenn wir einmal biologisch korrekt sein wollen, statt politisch korrekt zu sein. So ist es beispielsweise für einen Mann um ein Vielfaches leichter, Muskeln aufzubauen. Selbst eine Frau Universum könnte sich mit einem männlichen Amateur-Bodybuilder kaum messen. Hier setzen Anatomie und Hormonhaushalt nun einmal politisch inkorrekte Grenzen – und das ist auch gut so. Denn könnte man sich etwas Hässlicheres vorstellen als aufgepumpte Weiber, die Schultern haben wie ein Schrank? Am besten noch mit kurzen Haaren. Pfui Deibel!

Ich habe in meinem ganzen Leben noch keinen Typen getroffen, der auf Frauen mit dicken Muskeln steht. Aber in der verrückten Welt, in der wir leben, scheinen Bodybuilderinnen geradezu zum Schönheitsideal für viele Frauen geworden zu sein. Dem Feminismus sei Dank. Girls can do anything ... Erst vor wenigen Tagen schrieb mir ein hübsches Mädchen folgende, für mich zugegebenermaßen sehr verstörende Nachricht: „Heute hat eine im Studio trainiert ...

Die hatte 'nen Bizeps ... Aber was für einen (da spricht der pure Neid aus mir)." Und als ich ihr darauf antwortete, dass sie sich glücklich schätzen könne, als Frau nicht mit einem riesigen Bizeps gestraft zu sein, kam zurück: „Was nicht ist, das wird noch werden." Es war auch tatsächlich die Diskussion, die sich an diesen elektronischen Schriftwechsel anschloss, die mich dazu bewogen hat, den Themenkomplex „Feminismus und Sexualdimorphismus" in dieser Form aufzugreifen. Als Sexualdimorphismus wird in der Biologie das Vorhandensein deutlicher Unterschiede in der Erscheinung zwischen geschlechtsreifen männlichen und weiblichen Individuen derselben Art bezeichnet, sofern diese Unterschiede nicht die Geschlechtsorgane betreffen. Zu jenen sekundären Geschlechtsmerkmalen gehört beispielsweise die unterschiedliche durchschnittliche Körpergröße. Der Feminismus tritt diesen Sexualdimorphismus mit Füßen oder sucht ihn zu leugnen.

Wie viele Frauen sind frustriert, weil sie nicht sein wollen, wie die Natur sie gemacht hat, aber auch nicht so sein können, wie die Natur sie *nicht* gemacht hat? Feministische Plakate hin oder her. Die erotische Anziehungskraft zwischen den Geschlechtern lebt von der physischen und geistig-seelischen Unterschiedlichkeit dieser Geschlechter. Antike Skulpturen betonen diesen Sexualdimorphismus, statt ihn zu verwässern, wenn wir von Statuen des eher androgyn dargestellten Apollon einmal absehen. Doch eines der schönsten Bildwerke, die Mann und Frau gemeinsam darstellen, geradezu eine Ode an den Sexualdimorphismus, stammt von dem österreichischen Bildhauer Josef Thorak. Es trägt den schlichten Titel „Zwei Menschen". Beim Betrachten der von ihm geschaffenen weiblichen Figur könnte der Künstler mit Neid an das Schicksal seines mythischen Kollegen Pygmalion gedacht haben, dessen Elfenbeinstatue durch Venus in eine Frau aus Fleisch und Blut verwandelt wird, wie es Ovid in seinen *Metamorphosen* schildert. Man vergleiche auch den von Thorak in Stein gemeißelten Mann mit einem typischen Soy-Boy von heute und frage danach, wer wohl mehr erotische Anziehungskraft auf das weibliche Geschlecht ausüben würde.

In einer Zeit, in der Maskulinität dank des vorherrschenden, feministischen Paradigmas als toxisch verteufelt wird, degenerieren die westlichen Männer zu wahren Karikaturen ihrer selbst – zu menschlichen Schoßhündchen mit Gesichtsbehaarung. Zu guten Feministen eben. Erziehung ist gegen Jahrhunderttausende der Evolution indes letztlich machtlos, sodass sich Frauen völlig zu Recht nicht zu solchen Karikaturen hingezogen fühlen. Sollte diese Entwicklung anhalten, werden westliche Frauen irgendwann in der Virilität vollbärtiger Mohammedaner den einzigen Ausweg aus der Misere erblicken. Dann spätestens ist es jedoch auch mit dem Gesellschaftsexperiment eines überbordenden Feminismus zu Ende ...

Bereits der italienische Kulturphilosoph Julius Evola schrieb Anfang der 1930er Jahre des vergangenen Jahrhunderts in *Feminismus und heroische Tradition* über dieses Experiment:

„Nach Jahrhunderten der ‚Versklavung' wollte die Frau frei werden und für sich selbst bestehen. Der Feminismus war aber nicht imstande, der Frau eine andere Persönlichkeit zu verleihen, als sie die bloße Nachahmung der männlichen geben kann. Dadurch sind ihre Ansprüche nichts als eine Maske für ein gründliches Mißtrauen der neuen Frau ihr selbst gegenüber: d. h. für ihre Unfähigkeit, zu sein und zu gelten, was sie ist; als Frau und nicht als Mann.

Dem Feminismus liegt die Prämisse zugrunde, dass die Frau als solche keinen Wert hat, dass sie nur gelten kann, insofern sie so weit wie möglich zum Manne wird und dieselben Prärogativen des Mannes in Anspruch nimmt. Daher ist der Feminismus ein Symptom der Entartung im strengsten Wortsinn.

Und wo die traditionsverwurzelte Ethik verlangte, dass Mann und Frau immer mehr sie selbst werden, mit immer kühneren Prägungen das ausdrückten, was den einen zum Manne, die andere zur Frau stempelt – da sehen wir, dass die ‚modernen' Bewegungen nach Nivellierung streben, nach einem Zustand, der tatsächlich nicht jenseits, sondern diesseits der geschlechtlichen Individuation und Differenzierung liegt."

Knapper, aber nicht weniger treffend, konstatierte Francis Parker Yockey: „Feminism liberated women from the natural dignity of their sex and turned them into inferior men."

Was wir sind, können wir nicht ändern. Aber wir sollten wenigstens den Mut und den Anstand haben, es ganz zu sein. Was wäre die

Welt ohne die Verschiedenheit der Geschlechter? Nicht einstampfen wollen wir die Unterschiede, sondern fein säuberlich herausarbeiten. Ja, wir wollen sie noch überzeichnen! Als Idealtypen sollen sie Männern und Frauen Kompass und Richtschnur sein. Die Forderung muss lauten: Einem jeden Geschlecht den ihm gemäßen Idealtypen – und nicht den Frauen den männlichen! Das wäre ja … sexistisch!

DIE LEHREN AUS CHRISTCHURCH

Es war eine Tragödie: In Christchurch, Neuseeland, erschießt ein junger Australier am 15. März 2019 50 Menschen in einer Moschee, filmt die Tat und überträgt sie live im Internet. Das Blutbad rechtfertigt er in einem zuvor ins Netz gestellten 74-seitigen Manifest. Hagen Grell und Martin Sellner heben in ihren Kommentaren zu den Geschehnissen in Neuseeland insbesondere hervor, wie sehr der Täter dem rechten Lager geschadet habe und wie ungeniert Linke das Ereignis für ihre Zwecke instrumentalisierten, wie unflätig identitäre Aktivisten und patriotische YouTuber nun in die Nähe dieses kranken Mörders gerückt bzw. sogar als geistige Brandstifter ursächlich für die Tat verantwortlich gemacht würden. Ich möchte hingegen danach fragen, was einen 28-jährigen Fitnesstrainer, der als freundlich und hilfsbereit beschrieben wird, dazu bringen konnte, eine so wahnsinnige Tat auszuführen. Die Psyche, das Seelenleben des Terroristen ist es also vornehmlich, das mich interessiert. Ich werde hierzu auf das Manifest des Täters zurückgreifen und versuchen, mich in ihn hineinzuversetzen. Das alleine wird schon genügen, mir den Vorwurf einzubringen, ich hegte Sympathien für den Todesschützen oder sei womöglich selbst ein potentieller Terrorist. Deshalb sage ich es jetzt noch einmal zum Mitschreiben: Ich verurteile die Tat aufs Schärfste und würde selbst nie eine solche Tat begehen, aber es ist nach keinem Gesetz der Welt strafbar, Mutmaßungen über die Motive eines Terroristen anzustellen. Es verstößt nicht einmal gegen den guten Geschmack.

Ich gehe dabei natürlich von der Prämisse aus, dass es sich nicht um eine False-Flag-Attacke oder eine Inszenierung mit Schauspielern gehandelt hat, wie es aus verschwörungsaffinen Zirkeln längst wieder zu vernehmen war. Dieses ganze *Cui-bono?*-Geschwätz nach jedem Terroranschlag geht mir gewaltig auf den Wecker. Eine andere Strategie, sich nicht eingehender mit dem Anschlag und dem Weltbild des Schützen auseinandersetzen zu müssen, hat Hagen Grell gewählt. Und das ist sein gutes Recht. Er postuliert, dieser Akt der Barbarei sei am anderen Ende der Welt passiert und gehe uns Rechte in Europa nichts an – zumal es undeutsch sei, auf Unbewaffnete zu schießen. Nun, ich denke nicht, dass es eine Weltgegend gibt, in der es als besonders vornehm angesehen wird, auf Unbewaffnete zu schießen. Jedenfalls nicht mehr, seit das Territorium des Islamischen Staates auf ein paar Quadratmillimeter Landkarte zusammengeschrumpft ist. Ich kann mir weiters den Luxus nicht leisten, zu ignorieren, was am anderen Ende der Welt passiert, wenn mein erweiterter Familienkreis davon betroffen ist. Zu diesem Kreis zähle ich all jene Menschen, die so aussehen wie ich, deren Vorfahren also in den letzten Jahrzehntausenden dieselbe Evolutionsgeschichte durchlaufen haben. Mein kleinster Bruder lebt in Tansania, meine Schwester in Südafrika, meine Großeltern, Cousins und Cousinen in den USA. Wenn morgen Neuseeland von China angegriffen würde, käme ich wahrscheinlich nicht umhin, mich sofort als Freiwilliger für die Verteidigung der Inseln zu melden, obwohl ich noch nie einen Fuß auf neuseeländischen Boden gesetzt habe. Es käme mir wie die Erfüllung einer selbstverständlichen Pflicht vor, einem Kin-Country, so nannte es Samuel Huntington in seinem *Kampf der Kulturen*, bei der Abwehr eines fremden Aggressors beizustehen. Für mich macht es also keinen Unterschied, ob bei einem Anschlag in München oder Auckland 50 meiner Leute sterben, ich bin in beiden Fällen emotional gleich betroffen.

Nun war es aber in Christchurch ausnahmsweise einmal umgekehrt. Es sind dieses Mal nicht Europäer von muslimischen Nichteuropäern ermordet worden, sondern farbige Muslime von einem Weißen. Selbstverständlich sehe ich die Tat als furchtbar und grausam an, weil unschuldige Menschen getötet wurden, die Familienangehörige hatten, welche ihnen nahestanden. Aber ich stand ihnen nicht nahe. Ich kannte sie nicht, und sie gehörten nicht zu meinem erweiterten Familienkreis. Darum kann ich die Tat nur rational verurteilen, emotional hingegen lässt sie mich vergleichsweise kalt. Ich kann mich in die Trauernden hineinversetzen, aber mich nicht mit ihnen identifizieren. Dass mein Empfinden völlig natürlich ist, haben Experimente im Rahmen der Psychologie immer und immer wieder bestätigt. Es wäre nun aber völlig widersinnig, wollte man den Menschen als Produkt der Evolution für die Beschaffenheit seiner Natur tadeln.

Aber wir schweifen ab. Gehen wir also gleich in *medias res* und werfen wir einen Blick in Brenton Tarrants Manifest. Es beginnt mit folgenden Sätzen: „Es sind die Geburtenraten. Es sind die Geburtenraten. Es sind die Geburtenraten. Wenn es eine Sache gibt, von der ich möchte, dass sie euch aus diesen Schriften in Erinnerung bleiben möge, dann ist es die Tatsache, dass die Geburtenraten steigen müssen. Selbst wenn wir alle Nichteuropäer morgen aus unseren Ländern abschieben würden, befänden sich die Europäer immer noch in der Niedergangs- und letztlich in der Todesspirale."

Er ist weiters davon überzeugt, dass es sich bei der sogenannten Replacement-Migration um einen Genozid an den Weißen handelt und wollte mit seiner Tat Rache an den islamischen Invasoren der Gegenwart und Vergangenheit üben. Insbesondere der Anschlag vom 7. April 2017 in Stockholm, bei dem das kleine Mädchen Ebba Akerlund getötet wurde, scheint ihn derart emotional berührt zu haben, dass er glaubte, den häufigen Anschlägen nicht mehr allein mit Zynismus begegnen zu dürfen. Endgültig umgelegt hat es den Schalter bei Tarrant aber erst während einer Reise durch das multikulturelle Frankreich. Ganz egal, wohin er mit seinem Leihwagen gefahren sei, die „Invasoren" seien schon dort gewesen. Er habe beim Anblick der kinderreichen Migrantenfamilien und den wenigen autochthonen Franzosen Wut und schiere Verzweiflung gefühlt. Als er an einem Soldatenfriedhof rechts rangefahren sei und seinen Blick über die unzähligen weißen Kreuze habe schweifen lassen, sei er in Tränen ausgebrochen. Er habe sich gefragt: „Weshalb lassen wir es zu, dass die Invasoren uns bezwingen? Uns überwältigen? Ohne dass auch nur ein einziger Schuss zurückgefeuert wird? WESHALB UNTERNIMMT NIEMAND ETWAS? Vor diesen endlosen weißen Kreuzen, vor diesen toten Soldaten, die ihr Leben in vergessenen Kriegen verloren hatten, verwandelte sich meine Verzweiflung in Scham, meine Scham in Schuld, meine Schuld in Wut und meine Wut in Rage. WESHALB UNTERNIMMT NIEMAND ETWAS? WESHALB UNTERNIMMT NIEMAND ETWAS? WESHALB UNTERNEHME ICH NICHTS? Der Bann war gebrochen. Weshalb unternehme ich nichts? Weshalb nicht ich? Wenn nicht ich, wer dann? Weshalb die anderen, wenn ich es tun konnte? Es war dort, dass ich entschied, etwas zu unternehmen." So weit Brenton Tarrant.

Er hatte vor Ausführung des Massakers eine genaue Vorstellung davon, was seine Tat bezwecken sollte. Die Art des Anschlags mit einem Sturmgewehr wählte er, weil er hoffte, dass in der Folge die Waffengesetze in den USA verschärft würden, was zu einer noch stärkeren Polarisierung der Gesellschaft führen müsse. Eine Abschaffung des zweiten Zusatzartikels zur amerikanischen Verfassung könnte, so Tarrant in seinem Manifest, zu einer Spaltung der Vereinigten Staaten entlang rassischer Bruchlinien führen. Polizisten plante er bei der Tat nicht zu verletzen und nahm sich vor, ihnen im Falle eines Feuergefechts auf die Beine etc. zu zielen. Den Tod kalkulierte er bewusst ein, hoffte jedoch, die Tat zu überleben, um auf diese Weise sicherzustellen, dass die Berichterstattung über die Bluttat und den Prozess nicht abreißen würde.

Bemerkenswerterweise schreibt der Todesschütze in seinem Manifest, dass er Muslime, die in muslimischen Ländern lebten, nicht hasse. Das gelte auch von anderen Kulturen. Er habe viele Jahre damit verbracht, zu reisen und dabei sehr viele Länder gesehen. Fast überall habe man ihn exzellent behandelt und als Gast oder sogar als Freund willkommen geheißen. Er wünsche den verschiedenen Völkern nur das Beste, unabhängig davon, welcher Rasse, Kultur oder welchen Glaubens sie seien. Wenn allerdings dieselben Leute sich dazu entscheiden sollten, in europäische Länder auszuwandern und am Austausch der Bevölkerungen dieser Länder mitzuwirken, dann sehe er sich dazu gezwungen, sie rücksichtslos zu bekämpfen.

Über die Gefahr, die von unbewaffneten Invasoren ausgehe, schreibt er, und man fühlt sich sogleich an Jean Raspails *Heerlager der Heiligen* erinnert: „Der unbewaffnete Eindringling ist bei Weitem gefährlicher für unsere Leute als der bewaffnete Eindringling. Wir können den bewaffneten Aggressor bekämpfen, wir wissen, auf welche

Weise. Wir haben die Fähigkeit, wir haben die Soldaten und wir haben die Waffen, um dies zu tun. Aber wir haben keine Ahnung, wie wir mit unbewaffneten Invasoren fertigwerden sollen; wir sind unfähig, sie zu attackieren oder sie in irgendeiner sinnvollen Weise abzuwehren."

So viel zur Gedankenwelt des Attentäters von Christchurch. Teilweise richtige Beobachtungen und teilweise falsche Schlussfolgerungen haben ihn dazu getrieben, dieses grauenhafte Massaker anzurichten. Es ist eine Tat, geboren aus der absoluten Verzweiflung. Die einzige Hoffnung, an die sich der junge Australier klammerte, bestand bzw. besteht darin, dass sein Attentat eine Dynamik auslösen wird, die zu einer Revitalisierung der westlichen Zivilisation führen, die Weißen aus dem Dämmerschlaf reißen und Europa vor dem ansonsten sicheren Untergang bewahren wird. Dieser trügerischen Hoffnung sind 50 unschuldige Muslime zum Opfer gefallen. Das hat durchaus etwas zutiefst Tragisches!

Es gibt jedoch Abermillionen Weiße und Schwarze, Latinos und Asiaten, die auf ihre Gruppe bezogen ähnlich fühlen wie Brenton Tarrant. Außerdem gibt es Abermillionen junger Muslime, die bereit sind, für ihren Glauben zu sterben. Erst gestern saß mir einer von diesen mutmaßlichen Radikalen in der Mannheimer Straßenbahnlinie 1 gegenüber, der sich auf seinem Smartphone ein aufpeitschendes Video ansah – bezeichnenderweise auf Englisch, sodass ich jedes Wort verstehen konnte. Man muss wahrlich kein Nostradamus sein, um vorhersehen zu können, dass Tarrant nicht der letzte Weiße gewesen sein wird, der angesichts einer so gewaltig gefühlten Ohnmacht und Verzweiflung den Rubikon überschreitet und eine furchtbare Tat begeht, im Wahn, er tue das Richtige. Dass nicht jeder Rechte oder Moslem ein potentieller Terrorist ist, braucht eigentlich nicht erwähnt zu werden. Das versteht sich von selbst.

Aber wer das Manifest des Täters von Christchurch liest, dem wird vor allem eines ganz klar: Der junge Mann hatte eine Motivation für sein Handeln, die von Abermillionen Menschen geteilt wird: den Wunsch nach der Bewahrung des Eigenen. Hinzu trat bei ihm die Einsicht, dass das Ruder mit Wahlen nicht mehr herumgerissen werden könne. Auch ich war in Frankreich schon den Tränen nahe, als ich nach einem Wochenende der Gelbwestenproteste mit meinen französösischen Brüdern und Schwestern in Paris vor der Abreise noch einmal alleine den Louvre besuchte. Ich war von der Schönheit der europäischen Kunst und Architektur noch mehr überwältigt als Jahre zuvor in Washington, London, Rom und Athen, und ich musste gleichzeitig daran denken, dass dieser Kontinuität bald ein Ende bereitet werden könnte. Aber es gibt einen Weg, auf dem wir unsere ethnokulturelle Identität als Europäer retten können, ohne dabei auch nur den Tod eines einzigen Menschen in Kauf nehmen zu müssen: indem wir Siedlungsprojekte ins Leben rufen! Wie viele Attentate mögen in Zukunft verhindert werden, wenn den Millionen junger Menschen in ihrer Verzweiflung bewusst wird, dass es einen Ort auf der Welt gibt, an dem die weiße Rasse nicht verschwinden, sondern eine neue Blüte erleben wird! Mag das christliche Abendland untergehen, Nova Europa wird erst noch geboren!

WERTVOLLE LEKTIONEN: ALTNEULAND UND NOVA EUROPA

Theodor Herzls Name ist mit dem ursprünglichen Zionismus so eng verwoben wie kein zweiter. Nachdem 1896 seine programmatische Schrift *Der Judenstaat. Versuch einer modernen Lösung der Judenfrage* erschienen war, für die er von vielen Juden Hohn und Spott geerntet hatte, trat 1897 der Erste Zionistenkongress in Basel zusammen. Die jüdische Gemeinde in München, wo der Kongress ursprünglich geplant gewesen war, hatte kein Interesse an einer solchen Veranstaltung. Das in Basel verabschiedete Programm forderte „für das jüdische Volk die Schaffung einer öffentlich-rechtlich gesicherten Heimstätte in Palästina". Von Theodor Herzl war vor diesem Zeitpunkt auch Argentinien als mögliches Territorium für einen jüdischen Nationalstaat erwogen worden. Nach dem Kongress notierte er die folgenden, prophetisch anmutenden Worte: „Fasse ich den Baseler Kongress in ein Wort zusammen – das ich mich hüten werde, öffentlich auszusprechen – so ist es dieses: in Basel habe ich den Judenstaat gegründet. Wenn ich das heute laut sagte, würde mir ein universales Gelächter antworten. Vielleicht in fünf Jahren, jedenfalls in fünfzig wird es jeder einsehen."[13] Und tatsächlich vergingen nur wenig mehr als fünfzig Jahre, bis David Ben Gurion am 14. Mai 1948 unter einem Bild Theodor Herzls die Unabhängigkeitserklärung des Staates Israel verlas.

---

13 Zit. nach Bundeszentrale für politische Bildung: https://www.bpb.de/internationales/asien/israel/44953/theodor-herzl.

Das Gros der Juden in Westeuropa hatte auf seine Ideen zunächst mit Ablehnung oder Gleichgültigkeit reagiert. Frühe Anhänger fand Herzl insbesondere bei der jüdischen Jugend- und Sportbewegung, aber auch unter den von Pogromen geplagten Juden Osteuropas erhielt er für seinen Plan viel Zuspruch. Ihm war von Anfang an klar, dass er nicht jeden einzelnen Juden von der Wichtigkeit des Vorhabens werde überzeugen können, aber ganze „Äste des Judentums können absterben, abfallen", der Baum werde leben.[14] Im *Judenstaat* schreibt er unmissverständlich: „Die Frage der Judenwanderung soll durch diese Schrift zur allgemeinen Diskussion gestellt werden. Das heißt aber nicht, dass eine Abstimmung eingeleitet wird. Dabei wäre die Sache von vornherein verloren. Wer nicht mitwill, mag dableiben. Der Widerspruch einzelner Individuen ist gleichgültig. Wer mitwill, stelle sich hinter unsere Fahne und kämpfe für sie in Wort, Schrift und Tat."[15] Das gilt selbstverständlich auch für den weißen Ethnostaat. Herzl empfiehlt in seiner Schrift neben der Gründung einer Society of Jews auch die Gründung einer Company, inspiriert vermutlich von der britischen East India Company und der niederländischen Ostindien-Kompanie, kurz VOC. Die Hauptaufgabe dieser Company solle aus dem zentralisierten Landerwerb im Zielgebiet bestehen. Er schreibt: „Am Grund und Boden wird und muß die Company gewinnen. Das ist jedem klar, der irgendwo und irgendwann die Werterhöhungen des Bodens durch Kulturanlagen beobachtet hat. Am besten sieht man das an den Enklaven in Stadt und Land. Unbebaute Flächen steigen im Werte durch den Kranz von Kultur, der um sie gelegt wird."[16] Dieses Phänomen können wir auch am südafrikanischen Orania beobachten, wo Bauplätze in den vergangenen zwei Jahrzehnten eine zigfache Wertsteigerung erfahren haben.

Auch der Gedanke einer Reinigung des eigenen Volkes, einer Auslese der charakterlich Besten, oder wie wir es mit Blick auf die Formierung eines oder mehrerer weißer Ethnostaaten in der Zukunft nennen: eines evolutionären Flaschenhalses, ist schon in Herzls Schrift

---

14 Herzl, Theodor, *Der Judenstaat. Versuch einer modernen Lösung der Judenfrage*, Berliner Ausgabe, Berlin 2016, S. 12.
15 Ebd., S. 23.
16 Ebd., S. 29.

zu finden. Er postuliert: „In der jüdischen Finanzmacht schlummern noch sehr viele ungenützte politische Kräfte. Von den Feinden des Judentums wird diese Finanzmacht als so wirksam dargestellt, wie sie sein könnte, aber tatsächlich nicht ist. Die armen Juden spüren nur den Hass, den diese Finanzmacht erregt; den Nutzen, die Linderung ihrer Leiden, welche bewirkt werden könnte, haben die armen Juden nicht. Die Kreditpolitik der großen Finanzjuden müsste sich in den Dienst der Volksidee stellen. Fühlen aber diese mit ihrer Lage ganz zufriedenen Herren sich nicht bewogen, etwas für ihre Stammesbrüder zu tun, die man mit Unrecht für die großen Vermögen einzelner verantwortlich macht, so wird die Verwirklichung dieses Planes Gelegenheit geben, eine reinliche Scheidung zwischen ihnen und dem übrigen Teile des Judentums durchzuführen."[17]

Obwohl Herzl die Ansicht vertrat, nur in einem jüdischen Nationalstaat könne sich die jüdische Kultur voll entfalten und könnten seine Volksgenossen ohne Angst vor Pogromen leben, war ihm doch die relative ethnische Homogenität der Bevölkerung eines solchen Nationalstaates nicht wichtig. Das wird aus dem 1902, zwei Jahre vor seinem Tod, in Leipzig erschienenen Roman *Altneuland* deutlich. Man könnte Theodor Herzl im Jargon der Alt-Right daher mit einiger Berechtigung als Civic Nationalist ohne Staat bezeichnen.

Wir werden uns im Folgenden dieses Romans annehmen, in dem Herzl sechs Jahre nach dem Erscheinen der programmatischen Schrift *Der Judenstaat* seine Utopie einer jüdischen Gesellschaftsordnung in Palästina präsentiert.

Im *Judenstaat* hatte er über die Intelligenzija geschrieben: „Weitaus die meisten jüdischen Kaufleute lassen ihre Söhne studieren. Daher kommt ja die sogenannte Verjudung aller gebildeten Berufe."[18] Einen solchen jungen Hochschulabsolventen, einen frischgebackenen Doktoren der Juristerei, Friedrich Löwenberg, macht Herzl zum Protagonisten seines Romanes Altneuland. Ohne Aussicht auf eine Anstellung und mit gebrochenem Herzen geht er einen Pakt mit einem ehemaligen deutschen Offizier ein, der in den Vereinigten Staaten reich geworden

---

17 Herzl, Theodor, *Der Judenstaat. Versuch einer modernen Lösung der Judenfrage*, Berliner Ausgabe, Berlin 2016, S. 43.
18 Ebd., S. 54.

ist. Der richtige Name des Millionärs und selbsterklärten Menschenfeindes ist Adalbert von Königshoff, er nennt sich jedoch Kingscourt. Der Vertrag besagt, Friedrich Löwenberg müsse bis zu Kingscourts Tod mit diesem auf einer einsamen Pazifikinsel leben. Der Deutsche ist des Lebens unter Menschen überdrüssig geworden, fürchtet aber, ganz ohne Begleiter das Sprechen zu verlernen. Das angebotene Handgeld möchte Löwenberg zunächst ausschlagen, entschließt sich dann aber dazu, das Geld der hungernden Familie eines jüdischen Betteljungen zu geben, der zuvor seinen Weg gekreuzt hatte.

Bald schon stechen Kingscourt und sein junger Begleiter in See, um nach der Insel des Millionärs zu fahren. Allerdings gehen sie zuvor noch einmal in Palästina an Land, das nach der Auffassung Kingscourts die „Heimat" Löwenbergs ist. Sie reisen eine Weile durch das damals öde und verarmte Land nach Jerusalem und zurück an die Küste. Dort gehen sie wieder an Bord, durchqueren den Suezkanal und gelangen schließlich zu jener einsamen Insel, auf der sie die folgenden 20 Jahre mit nichts als Gesprächen und Spielen verbringen. Versorgt werden sie während dieser Zeit regelmäßig durch ein Schiff vom Festland, auf Zeitungen oder Ähnliches verzichten sie indes bewusst. Da der alte Kingscourt nach 20 Jahren neugierig ist, welche technischen Entwicklungen es in der Zwischenzeit gegeben habe, fahren die beiden Wahlinsulaner auf Kingscourts Yacht zurück gen Europa, bemerken jedoch, dass der Schiffsverkehr im Suezkanal stark nachgelassen hat. Der Grund dafür, sagt man ihnen, liege in Palästina. Sie beschließen also, dem Land erneut einen Besuch abzustatten, um herauszufinden, was dort vor sich gegangen sein möge. Der heruntergekommene Hafen und auch die Stadt Jaffa hatten bei ihrem ersten Besuch einen unangenehmen Eindruck auf die Reisenden gemacht. Alles war „zum Erbarmen vernachlässigt" gewesen.[19] Und in diesem Zustand hatte sich das ganze Land befunden. Wie viel anders war es jetzt! Ich zitiere aus dem Roman: „Man möchte schwören, daß dort die Bucht von Akka ist", sagte Friedrich. „Man könnte auch das Gegenteil schwören", meinte Kingscourt. „Ich habe noch das Bild dieser Bucht in der Erinnerung. Vor zwanzig Jahren

---

19 Herzl, Theodor, *AltNeuLand. Ein utopischer Roman*, Berliner Ausgabe, Berlin ⁴2016, S. 32.

war sie leer und öde. Aber da rechts, das ist doch der Karmel und da drüben links ist Akka."

„Wie verändert!" rief Friedrich. „Da ist ein Wunder geschehen." Sie kamen näher. Nun konnten sie schon durch ihre guten Gläser die Einzelheiten etwas besser sehen. Auf der Reede zwischen Akka und dem Fuße des Karmel ankerten riesige Schiffe, wie man deren schon am Ende des neunzehnten Jahrhunderts zu bauen pflegte. Hinter dieser Flotte sah man die anmutige Linie der Bucht. An der Nordspitze Akka in alter orientalischer Bauschönheit, graue Festungsmauern, dicke Kuppeln und schlanke Minarette, die sich vom Morgenhimmel reizend abhoben. An diesen Umrissen war nicht viel anders geworden. Aber südwärts unterhalb der ruhmreich schwergeprüften Stadt, am Bogen des Uferbandes, war eine Pracht entstanden. Tausende weißer Villen tauchten, leuchteten aus dem Grün üppiger Gärten heraus. Von Akka bis an den Karmel schien da ein großer Garten angelegt zu sein, und der Berg selbst war auch gekrönt mit schimmernden Bauten.

Da sie von Süden kamen, verdeckte ihnen der Bergvorsprung zuerst den Anblick des Hafens und der Stadt Haifa. Nun aber lag auch diese vor ihnen, und da waren die Deibel Kingscourts überhaupt nicht mehr zu zählen.

Eine herrliche Stadt war an das tiefblaue Meer gelagert. Großartige Steindämme ruhten im Wasser und ließen den weiten Hafen dem Blicke der Fremden sogleich als das erscheinen, was er wirklich war: der bequemste und sicherste Hafen des mittelländischen Meeres. Schiffe aller Größen, aller Arten, aller Nationen hielten sich in dieser Geborgenheit auf.

So weit der Roman. Gleich nachdem Kingscourt und Dr. Löwenberg mit ihrer Yacht angelegt haben, begegnen sie dem einstigen Bettlerjungen, dessen Familie Friedrich Löwenberg damals in Wien mit dem von Kingscourt erhaltenen Handgeld aus der Verelendung gerettet hatte. Dieser junge Mann, er heißt David Littwak, erkennt den Wohltäter seiner Familie sofort, obwohl Friedrich Löwenberg in Wien für tot erklärt worden war. Littwak hat es zwischenzeitlich zu hohem Ansehen gebracht. Er spielt eine wichtige Rolle in der „Neuen Gesellschaft für die Kolonisierung von Palästina", die unter der Führung eines Joseph Levy in den vergangenen beiden Jahrzehnten das Land besiedelt und mit einer modernen Infrastruktur versehen hat. David Littwak, der einst geschworen hatte, das ihm und seiner Familie von Friedrich Löwenberg widerfahrene Gute zu vergelten, nimmt die beiden Männer in seiner Villa auf und führt sie durch das kaum wiederzuerkennende Land. Seinen kleinen Sohn hat er Friedrich genannt. Die Beschreibung dieser Reise sowie der gesellschaftlichen, wirtschaftlichen und technischen Infrastruktur bildet das Herzstück des Romans. Nachdem zunächst nur Pioniere der ersten Stunde am Werk gewesen waren, zieht das gebaute Nest mittlerweile auch jene gehobenen Kreise an, die vor 20 Jahren noch über die zionistische Bewegung die Nase gerümpft oder sich über eine solche Vision lustig gemacht hatten. Unter anderen begegnet Löwenberg auch seiner einstigen, mittlerweile fett und hässlich gewordenen Angebeteten, derentwegen er den Vertrag mit Kingscourt eingegangen war, und ist augenblicklich geheilt. Sie gibt sich noch mit denselben unsympathischen Opportunisten von damals ab. Herzl beschreibt diesen verachtenswerten Typus hervorragend. Auf einmal wollen alle von Anfang an dafür gewesen sein, nach Palästina auszuwandern!

Um ihre ursprüngliche Haltung zu demonstrieren, soll kurz aus dem zweiten Kapitel des Romans zitiert werden, in dem die feine Gesellschaft einen alten Rabbiner aus Mähren verspottet: „Ich seh' schon", rief Laschner, „wir werden alle wieder den gelben Fleck tragen müssen."
„Oder auswandern", sagte der Rabbiner.
„Ich bitte Sie, wohin?" fragte Walter. „Ist es vielleicht anderswo besser? Sogar im freien Frankreich haben die Antisemiten die Oberhand."
Doktor Weiß aber, der arme Rabbiner einer mährischen Kleinstadt, der entschieden nicht wusste, in welchen Kreis er da geraten war, wagte eine schüchterne Einwendung: „Es gibt seit einigen Jahren eine Bewegung, man nennt sie die zionistische. Die will die Judenfrage durch eine großartige Kolonisation lösen. Es sollen alle, die es nicht mehr aushalten können, in unsere alte Heimat, nach Palästina gehen."
Er hatte ganz ruhig gesprochen und nicht wahrgenommen, wie die Gesichter um ihn her sich allmählich zum Lächeln verzogen, und

er war daher ordentlich verdutzt, als das Gelächter beim Worte Palästina plötzlich losbrach. Es war ein Lachen in allen Tonarten. Die Damen kicherten, die Herren brüllten und wieherten. Nur Friedrich Löwenberg fand diesen Heiterkeitsausbruch brutal und ungeziemend gegen den alten Mann.[20]

Aber wieder zurück in die Zukunft: Löwenberg beginnt allmählich, die lange Untätigkeit zu bereuen und verspürt den Wunsch, sich einzubringen. In Altneuland hat jeder ein Recht auf Arbeit, dafür aber auch die Pflicht zur Arbeit. Andererseits fühlt sich der Jurist ohne Berufserfahrung an seinen Vertrag mit Kingscourt gebunden und fürchtet, dieser werde bald wieder abreisen wollen. Doch es kommt anders. Der alte Kingscourt vernarrt sich in das kleine Fritzschen, das bald nichts mehr von seinem Kindermädchen wissen möchte, und nach einer schweren Krankheit des Kleinkindes entschließt sich Kingscourt, in Palästina zu bleiben. So steht der aufkeimenden Liebe zwischen Mirjam, der Schwester David Littwaks, und Friedrich Löwenberg nichts mehr im Wege. Mirjam, die Löwenberg vor dem Hungertod gerettet hatte, als sie noch von ihrer Mutter gesäugt wurde, ist Lehrerin und wird von Herzl als anmutig, pflichtbewusst, züchtig und bescheiden geschildert. Kurz, sie verkörpert das alle Zeit gültige Ideal einer Frau, die diese Bezeichnung verdient. Zuletzt wird David Littwak von der Delegiertenversammlung der „Neuen Gesellschaft" auf Vorschlag der beiden ursprünglichen Kandidaten ohne sein Wissen in Abwesenheit zu deren neuem Präsidenten gewählt, während seine Mutter im Sterben liegt. Gott hat's gegeben, Gott hat's genommen. Aber am Totenbett der alten Frau Littwak reichen sich Mirjam und Friedrich die Hände. Es ist der letzte Wunsch der Mutter, dass die beiden heiraten mögen.

Es gibt in Altneuland zwei politische Lager, von denen eines als nationalistisch und einwanderungskritisch beschrieben wird. An dessen Spitze steht ein Zeitungsverleger namens Dr. Geyer. David Littwak gehört hingegen der letztlich siegreichen, kosmopolitischen Fraktion an. Insgesamt ist die in Herzls Roman vorgestellte Gesellschaft eine durch und durch europäisch geprägte, die Nichtjuden nicht

---

20 Herzl, Theodor, *AltNeuLand. Ein utopischer Roman*, Berliner Ausgabe, Berlin ⁴2016, S. 13.

ausschließt, sondern sich als weltbürgerlich versteht. So ist auch der beste Freund David Littwaks ein wohlhabender Türke, der den Namen Reshid Bey trägt. Er ist selbst Mitglied der „Neuen Gesellschaft", und auch die arabische Bevölkerung Palästinas hat in Herzls utopischem Roman ausschließlich von der Kolonisierung, d. h. vor allem von der geschaffenen Infrastruktur und den neu eröffneten Möglichkeiten, profitiert. Genau an diesem Punkt aber musste Theodor Herzls Roman eine Utopie bleiben, während er sich sonst in vielerlei Hinsicht erfüllte. Die noch im Erscheinungsjahr von *Altneuland* herausgegebene hebräische Übersetzung erhielt den Titel *Tel Aviv*. Und nach diesem übersetzten Buchtitel wurde, man ahnt es schon, die 1909 gegründete Stadt Tel Aviv benannt, die heute fast eine halbe Million Einwohner zählt. In der Metropolregion leben annähernd vier Millionen Menschen.

Der seit Jahrzehnten schwelende und immer wieder aufflammende Konflikt zwischen der arabischen und jüdischen Bevölkerung Palästinas straft die Plausibilität von Theodor Herzls Vision einer friedlichen Koexistenz dieser Gruppen Lügen. Das sollte für unsere *Nova-Europa*-Bewegung neben dem praktischen Beispiel einer erfolgreichen geographischen Konsolidierung und Staatsgründung eine der wichtigsten Lehren aus dem frühen Zionismus sein. Für eine dauerhaft erfolgreiche Umsetzung unseres Projekts, das hat auch Arthur Kemp immer wieder betont, muss entweder ein abgelegenes Territorium wie die Gegend um das südafrikanische Orania gewählt werden – oder die Kolonisierung muss in Regionen erfolgen, in denen Weiße ohnehin die Bevölkerungsmehrheit stellen.

Es ist ja gerade der Umstand, einer Minderheit anzugehören, der die in *Altneuland* beschriebene Judenwanderung erst nötig macht. Und auch für die Schwarzen in den USA hatte Theodor Herzl eine Vision, die sich mit derjenigen des großen Marcus Garvey deckt. Den kauzigen Professor Steineck, einen Mikrobiologen, lässt Herzl folgende Worte mit Kingscourt wechseln:

„Es gibt noch eine ungelöste Frage des Völkerunglücks, die nur ein Jude in ihrer ganzen schmerzlichen Tiefe ermessen kann. Das ist die Negerfrage. Lachen Sie nicht, Mr. Kingscourt. [...] Menschen, wenn auch schwarze Menschen, wurden wie Tiere geraubt, fortgeführt, verkauft.

Ihre Nachkommen wuchsen in der Fremde gehasst und verachtet auf, weil sie eine andersfarbige Haut hatten. Ich schäme mich nicht, es zu sagen, wenn man mich auch lächerlich finden mag: nachdem ich die Rückkehr der Juden erlebt habe, möchte ich auch noch die Rückkehr der Neger vorbereiten helfen."
„Sie irren", sagte Kingscourt. „Ich lache nicht. Im Gegenteil – ich finde es sogar großartig, hol' mich der Deibel! Sie zeigen mir Horizonte, die ich mir nicht mal im Traume vorgestellt hätte.
„Darum arbeite ich an der Erschließung Afrikas. Alle Menschen sollen eine Heimat haben. Dann werden sich die Menschen besser lieben und verstehen. [...]"
Und Mrs. Gothland sprach in sanftem Tone aus, was sich die drei anderen dachten:
„Herr Professor Steineck – Gott segne Sie!"[21]

Den Worten des Professors in Herzls Roman ist nichts hinzuzufügen ...

---

21 Herzl, Theodor, *AltNeuLand. Ein utopischer Roman*, Berliner Ausgabe, Berlin ⁴2016, S. 125–126.

WIR SIND DIE HÜTER DER BIODIVERSITÄT

Biodiversität bezeichnet gemäß der UN-Biodiversitäts-Konvention die Variabilität unter lebenden Organismen jedweder Herkunft und die ökologischen Komplexe, zu denen sie gehören. Die Biodiversität umfasst damit die Vielfalt *innerhalb* einer Spezies sowie *zwischen* verschiedenen Arten, außerdem die Vielfalt der Ökosysteme selbst. Da es sich bei Rassen um Subspezies handelt, die im Gegensatz zu Völkern phänotypisch eindeutig zu fassen sind, sollten wir an dieser Stelle aufhorchen. Denn der Erhalt der biologischen Vielfalt gilt als eine der wichtigsten Grundlagen für das menschliche Wohlergehen. Als weitaus größte Gefahr für die biologische Vielfalt wird die Zerstörung von Lebensräumen gesehen, aber es gibt noch weitere Ursachen für das Verschwinden von Arten und Rassen in der Natur. Immerhin sind fast alle Spezies, die einmal die Erde bevölkert haben, mittlerweile ausgestorben – und auch die Zahl der ausgestorbenen Subspezies ist natürlich Legion … Neben dem Verlust von Lebensräumen und dem Auftreten invasiver Arten, die sich stark vermehren, ist es vor allem die Vermischung, die zum Verschwinden von Rassen oder Subspezies führt.

Wenn wir hier von Menschen reden, als seien es Tiere, dann aus dem einfachen Grund, dass es sich beim Menschen um nichts weiter als ein Säugetier mit vergleichsweise großem Gehirn handelt. Demographie ist Schicksal – ob für Eichhörnchen, Austern oder autochthone Europäer mit ihrer suizidal niedrigen Fertilitätsrate. Und wenn in dieser Gleichung die farbigen Migranten mit ihren exorbitant hohen Geburtenraten als invasive Subspezies erscheinen, stellt das keinen Versuch dar, diese Personen zu entmenschlichen oder sie in irgendeiner Weise herabzuwürdigen. Europäer haben sich in der Geschichte ihrerseits nach dem Prinzip invasiver Arten verhalten. Bereits im Jahre 1675 klagte der als King Philip bekannte Häuptling der Wampanoag: „Wir haben es in der Vergangenheit nicht glauben wollen, aber es ist eine Tatsache: nur ein toter Weißer ist ein guter Weißer. Brüder, wir müssen uns vereinigen oder wir werden untergehen!" Die Indianer haben gekämpft, aber sie sind trotzdem untergegangen. Wir kämpfen nicht einmal ...

Auf der Netzseite der schweizerischen Stiftung WWF ist in einem Artikel über invasive Arten Folgendes zu lesen: „Asiatische Marienkäfer verdrängen die Einheimischen, der Kamberkrebs den europäischen Flusskrebs, das stärkere Grauhörnchen das europäische Eichhörnchen. Die Nordamerikanische Rippenqualle hat im Schwarzen Meer Sardelle und Sprotte bereits nahezu ausgerottet. Jetzt siedelt sie sich auch in Nord- und Ostsee an." Der WWF-Experte Janosch Arnold wird dazu mit folgenden Worten zitiert: „Manche Arten verdrängen Einheimische oder lassen sogar ganze Ökosysteme kippen – das muss man natürlich erkennen und frühzeitig eingreifen."[22] Letztlich sei die Invasion von Arten jedoch unvermeidlich, sofern sie einen geeigneten Lebensraum vorfänden. Zu spät erkannt, könne sie nur noch eingeschränkt und verzögert werden.

In vielen Städten Westdeutschlands, Frankreichs oder Großbritanniens ist dieser Punkt längst überschritten, und manch ein Einheimischer fühlt sich in seinem Viertel bereits in der Rolle des Uncas oder des Chingachgook. Diese letzten Großstadtmohikaner fristen in aller Regel ein wenig beneidenswertes Dasein. Die Bundesrepublik Deutschland oder die Vereinigten Staaten von Amerika sind nicht mehr als Ganzes zu retten. Ein Unglück, das sich Deutsche und Amerikaner selbst eingebrockt haben. Einzig in den neuen Bundesländern und ländlichen Regionen Westdeutschlands ließe sich die größtenteils friedliche Landnahme noch eindämmen oder rückgängig machen. Das gilt mit Blick auf die USA besonders von einigen nördlichen Bundesstaaten, deren weißer Bevölkerungsanteil noch bei annähernd 90 Prozent oder darüber liegt. 1965 lag der Anteil der Weißen an der Gesamtbevölkerung des Landes bei 90 Prozent, heute stellen die Weißen

---

22 Invasive Arten: Gefahren der biologischen Einwanderung: https://bit.ly/2Mfw4ze.

noch etwa 60 Prozent der Bevölkerung und werden Hochrechnungen zufolge um das Jahr 2042 in die Minderheit geraten.[23]

Greg Johnson postuliert in seinem 2018 erscheinen *White Nationalist Manifesto*, die niedrige Fertilität von Weißen sei auch auf den Verlust ihres Lebensraumes zurückzuführen, denn „whites do not reproduce in unsafe environments, and one of the greatest causes of unsafe breeding environments is the presence of non-whites. Just as pandas do not breed well in captivity, whites do not breed well in diverse environments."[24] Weiße in Nordamerika, Neuseeland, Australien und Westeuropa – von Südafrika einmal ganz zu schweigen – fühlen, dass ihre Gruppe sich auf dem absteigenden Ast befindet. Wer seinen Kindern nicht zumuten möchte, eines Tages einer Minderheit anzugehören, der bekommt erst gar keine. Die Zukunft ist unsicher, nur so viel scheint sicher …

Ob die Geburtenraten von Japanern und Weißen durch finanzielle Anreize signifikant gesteigert werden könnten, ist nicht sicher. In Ungarn wurde ein solcher Feldversuch gerade erst gestartet, und es wird Jahre dauern, bis wir die längerfristigen Auswirkungen von Viktor Orbáns familienfreundlichen Gesetzen auf die Gebärfreudigkeit der Ungarinnen werden abschätzen können. Da Ungarn, Polen und Japan noch keine Masseneinwanderung von Fremdrassigen erlebt haben, müssen die Ursachen für die relative Sterilität dieser Länder anderswo zu suchen sein. Ein möglicher Erklärungsansatz könnte lauten, dass der Wegfall des bis zur industriellen Revolution allgegenwärtigen Selektionsdrucks weitreichende dysgenische Effekte gehabt habe. Die hohe Kindersterblichkeit verlangte eine noch höhere Fertilität. Gleichzeitig überlebten in erster Linie die körperlich und geistig gesunden Kinder. Schwerkriminelle Elemente wurden darüber hinaus dank der exzessiv praktizierten Todesstrafe immer wieder ausgemerzt. Seit mit den bahnbrechenden Modernisierungen der industriellen Revolution und der Abschaffung der Todesstrafe in den meisten westlichen Staaten diese Stellschrauben der Evolution, d. h. der natürlichen und der gesellschaftlichen Auslese, obsolet geworden sind, gelangt fast jedes Kind, das geboren wird, ins fortpflanzungsfähige Alter. Mithin wurde unser Genpool über viele Generationen hinweg gleichsam mit für die Gruppenkohäsion und das

---

23 Siehe Johnson, Greg: *The White Nationalist Manifesto*, San Francisco 2018, S. 2.
24 Ebd., S. 13.

langfristige Überleben der Gruppe nachteiligen Mutationen angereichert, die sich sowohl physisch als auch geistig-seelisch manifestieren können. Wir sind heute alle um ein Vielfaches mehr Mutanten, als es die Europäer um 1750 gewesen sind.[25] Der amerikanische Verhaltensforscher John B. Calhoun hat mit seinem „Mäuse-Paradies" bereits in den 1970er Jahren verdeutlicht, welche Folgen ein Ausschalten natürlicher Selektionsbedingungen bei Nagern hat. Er versorgte die Ratten mit Wasser und Futter im Überfluss und ließ sie sich ungehemmt vermehren. 600 Tage und mehrere Rattengenerationen später befand sich die Population auf dem Weg in das Aussterben, nachdem sie zuvor erst einen Peak und dann ein Plateau erreicht hatte. Die Ratten zeigten in der Schlussphase des Experiments eine Vielzahl abnormer, antisozialer und zerstörerischer Verhaltensweisen.[26] Schon zehn Jahre zuvor hatte der Verhaltensforscher ein ähnliches Experiment durchgeführt, bei dem eine große Zahl weiblicher Ratten nach erfolgtem Wurf ihre mütterlichen Funktionen vernachlässigte, während die Verhaltensstörungen bei „Männchen" von sexueller Abweichung bis hin zum Kannibalismus, frenetischer Überaktivität und pathologischer Zurückgezogenheit reichten. John Calhoun selbst führte das abnorme Verhalten auf den Zustand der Überbevölkerung zurück, doch in jüngerer Vergangenheit hat sich der Forscher Michael Woodley of Menie der genetischen Implikationen des Experiments angenommen.

Aber selbst wenn wir von den dysgenischen Effekten eines fehlenden Selektionsdrucks einmal absehen, kann uns das vermeintliche „Mäuse-Paradies" eine wertvolle Erkenntnis liefern. Das Leben in Großstädten ist weit häufiger von sozialen Pathologien begleitet als das Leben auf dem flachen Land. Jedenfalls in einer intakten Dorfgemeinschaft ist in aller Regel auf den Nachbarn Verlass, sonst wird er von den anderen Dorfbewohnern ausgegrenzt und seine Heiratschancen vermindern sich. Und

---

25 Mein eigener stark ausgeprägter Atheismus hätte in der Frühen Neuzeit leicht dazu führen können, dass ich auf dem Scheiterhaufen als Ketzer verbrannt worden wäre. Da auch Atheismus und Religiosität in Teilen erblich sind – der Genetiker Dean Hamer glaubt sogar, das sogenannte Gottes-Gen lokalisiert zu haben –, hätte ich die Prädisposition zum Atheismus nicht an meine Kinder weitergeben können.
26 Vgl. Calhoun, John B.: Population Density and Social Pathology, in: *California Medicine* 113, 5 (1970), S. 54.

damit sind wir auch schon wieder bei einer Form von Selektionsdruck … Ohne jemals eine entsprechende Studie gesehen zu haben, können wir getrost davon ausgehen, dass die Fertilitätsrate von autochthonen Europäern im ländlichen Raum noch höher liegt als in den Städten.

Wie dem auch sei: die Faktoren, die unseren Geburtenquell verstopfen, sind jedenfalls vielgestaltig. Ein Schrumpfen unserer Bevölkerungen wäre dennoch recht unproblematisch, wenn nicht zugleich eine massive Zuwanderung aus aller Herren Länder in die westlichen Industriegesellschaften stattfände. Diese Kombination aus niedriger Fertilitätsrate, hoher Zuwanderung und fehlenden Heiratsschranken wird das Schicksal der Westeuropäer besiegeln, sofern sich keine weißen Ethnostaaten etablieren können. Die Bevölkerungsexplosion auf dem schwarzen Kontinent und in Indien sowie die relative Sterilität der Ostasiaten und Europäer wird auf lange Sicht dazu führen, dass diejenigen die Erde in Besitz nehmen, die sich am wenigsten für ihren Erhalt und den bewussten Umgang mit ihren Ressourcen interessieren. Was ich als junger Maschinenkadett in Afrika und Indien an Umweltverschmutzung gesehen habe, hat sich fest in mein Gedächtnis eingebrannt. Und jeder, der schon einmal auf Haiti gewesen oder durch einen schwarzen Bezirk Atlantas geschlendert ist, weiß eines ganz genau: Westafrikaner bleiben Westafrikaner, egal wo sie das Licht der Welt erblicken.[27] Und wer glaubt, dass sich unter afrikanischer Aegide irgendwelche Klimaziele umsetzen ließen, ist meiner Ansicht nach ein ausgesprochener Optimist, um es diplomatisch auszudrücken. Die

---

27 Als im Dezember 2018 bekannt wurde, dass es Wissenschaftlern des Pariser Pasteur-Instituts erstmals gelungen sei, Zellen zu zerstören, die mit dem HI-Virus befallen waren, dachte ich augenblicklich an die Folgen eines medizinischen Durchbruchs bei der Heilung von HIV-Infizierten. Ein Jahr zuvor hatten ebenfalls französische Forscher bei der Bekämpfung von Sichelzellanämie mittels Gentherapie einen sensationellen Erfolg vorzuweisen. Wäre ich gläubig, würde ich ausrufen: Herr, vergib ihnen, denn sie wissen nicht, was sie tun! Auch ohne diese Hiobsbotschaften für den blauen Planeten waren die Bevölkerungsprognosen für den schwarzen Kontinent schon besorgniserregend genug. Und um nicht falsch verstanden zu werden: Ich bin kein Sadist, der sich an dem Leid anderer Menschen ergötzt. Ich finde es nicht schön, dass jährlich Millionen Afrikaner an Aids sterben oder eine letale Sichelzellanämie von ihren heterozygoten Eltern erben. Aber ich halte es aufgrund der Überbevölkerung für notwendig, dass von Zeit zu Zeit Seuchen ihren Tribut fordern. Eine der verheerendsten Pandemien der Weltgeschichte traf im 14. Jahrhundert Europa und raffte ein Drittel der damaligen Bevölkerung hinweg.

Wurzeln der Umweltbewegung sieht der Historiker Joachim Radkau in der Debatte um die Holznot um das Jahr 1800. Die Debatte um den Rohstoff Holz fällt auch in die Zeit des Naturkultes der Aufklärung und der schwärmerischen Verklärung der Natur durch die Romantik. Im Anschluss daran wurden der deutschsprachige Raum und Japan zu Vorreitern in Sachen Aufforstung und nachhaltiger Forstwirtschaft. Und 1971 wurde von vier Organisationen aus Frankreich, Schweden, den USA und England ein internationaler Zusammenschluss von Umweltorganisationen gegründet. Dass das Wunderkind Greta eine Schwedin ist, fügt sich ins Bild.

Allerdings nimmt der Kult um das 16-jährige Mädchen, das mit ihren Zöpfen und dem kindlichen Gesichtsspeck eher den Habitus einer Zwölfjährigen besitzt, mittlerweile groteske Züge an. Wenn der Berliner Bischof Heiner Koch sich durch die Freitagsdemonstrationen von Schulkindern, die keine Lust aufs Rechnen haben, an die biblische Szene vom Einzug Jesu in Jerusalem erinnert fühlt und Greta Thunberg kurz vor Ostern dem General-SJW Franziskus persönlich vorgestellt wird, um mit diesem einige Worte im Vatikan zu wechseln, dann hat das Ganze etwas von Realsatire. Auch hier könnte man wieder das Bild Jesu evozieren, der als Zwölfjähriger mit Schriftgelehrten im Tempel zu Jerusalem diskutiert, während seine Eltern ihn auf dem Rückweg nach Nazareth wähnen. Selbstverständlich reist Greta mit dem Zug von Schweden nach Rom. So macht sie das immer – wegen des Klimas.

Überhaupt höre ich immer nur Klima, Klima, Klima. Selbstverständlich wäre es wünschenswert, wir könnten unseren Strombedarf durch erneuerbare Energien decken. Aber wenn wir uns vor Augen führen, dass ein Elektroauto 16 kwh auf 100 km verbraucht und eine Jahresstrecke von 20 000 Kilometern zugrunde legen, dann versorgt ein Windrad gerade einmal zwei Elektroautos im Jahr mit Strom. Bei 47 Millionen Pkw in Deutschland wären das eine Menge Windräder – und der Strom für den Sandwichtoaster müsste auch noch irgendwoher kommen ... Es ist gut, wenn nach Alternativen gesucht und beispielsweise die Brennstoffzellenforschung vorangetrieben wird, aber die Klimagötzen unserer Zeit werden ihre Abenddämmerung noch erleben. Das Klima hat sich schon immer gewandelt, und man hält diesen natürlichen Vorgang nicht auf, indem man seine Glühbirnen durch Sparlampen ersetzt. Selbstverständlich ist es zu begrüßen, wenn einzelne Menschen Strom sparen, aber sie sollten sich nicht einbilden, damit etwas Nennenswertes zur sogenannten Rettung des Klimas beigetragen zu haben.

Aber ich kann diese vermeintlichen Klimaretter verstehen – sehr gut sogar. Es ist ein gewisses Verantwortungsbewusstsein für künftige Generationen und das Gefühl, sich für eine gerechte Sache zu engagieren, das sie antreibt. Aber genau diese Motivationen sind es auch, die unserer Bewegung als Triebfedern dienen. Greta fliegt nicht mit dem Flugzeug, ich verzichte darauf, mit Nichteuropäerinnen Kinder in die Welt zu setzen, auch wenn mir die eine oder andere Orientalin durchaus gefallen würde. Und ich bilde mir ein, damit einen bescheidenen Beitrag zum Erhalt der Biodiversität zu leisten. Auch wenn die Globalisierung unaufhaltsam zu sein scheint, wäre ihr immer noch leichter Einhalt zu gebieten als dem Klimawandel. Rassische Integrität ist in der Tat das Pendant zum stark ausgeprägten Umweltbewusstsein einer Greta Thunberg.

Es wäre allerdings falsch, hier eine Dichotomie anzunehmen. Unser Umweltbewusstsein leidet keinesfalls unter unserem Rassebewusstsein. Bei meinen zwei besten Freunden handelt es sich um einen Veganer und einen Vegetarier. Wir sind keine Gegner der Umweltbewegung, sondern vielmehr ein Teil von ihr. Wir setzen uns für den Erhalt von biologischer Vielfalt ein – sei es mit Blick auf Insekten, Vögel oder Menschen.

Im Gegensatz zum Klimawandel ist das Insektensterben selbst für Laien ein real beobachtbares Phänomen, für das man nicht einmal ein Messgerät benötigt. Jeder, der vor zwanzig Jahren schon mit dem Auto unterwegs war, wird sich an die ständig verschmierten Windschutzscheiben erinnern. Die Ursachen für das Insekten- und Schmetterlingssterben, welches das Vogelsterben nach sich zieht, sind mannigfaltig. Auf den Seiten des BUND heißt es über die Gründe: „Wiesen wurden umgebrochen, und aus bunten Blumenwiesen wird zunehmend monotones, artenarmes, gedüngtes Einheitsgrün, das immer häufiger im Jahr gemäht wird. Wo früher eine artenreiche Acker-, Wiesen- und Streuobstlandschaft war, steht heute fast überall giftgeduschter Mais. Viele der in der Landwirtschaft eingesetzten Spritzmittel und Gifte [...] sind ein Grund für den massiven Rückgang der Artenvielfalt auf Ackerböden und in deren Umgebung. Als wichtige Ursache für das große Sterben vermuten immer mehr Experten den Einsatz von systemischen Insektiziden, sogenannten Neonicotinoiden. […] Diese Stoffe beeinflussen das Nervensystem der Insekten und nehmen somit Einfluss auf deren Orientierungssinn und Verhalten."[28]

Es ist bedauerlich, dass viele Konservative diese besorgniserregende Entwicklung leugnen, um den Interessensverbänden der Landwirtschaft zu gefallen. Natürlich dürfte ein Verbot von bestimmten Pflanzenschutzmitteln wie Neonicotinoiden nicht zulasten unserer Bauern gehen. Diese sollten vielmehr für die Übernahme von landschaftspflegerischen Aufgaben, die Anlage von Hecken und den Verzicht auf Anbau großer Monokulturen entsprechend bezahlt beziehungsweise entschädigt werden.

Es ist indes nicht hinzunehmen, dass im letzten Vierteljahrhundert die Zahl insektenfressender Vögel wie Bachstelze, Kiebitz oder Rauchschwalbe in ganz Europa massiv abgenommen hat, wobei Feldvögel generell stärker von dieser Entwicklung betroffen sind als Waldvögel. Mittlerweile sind es fast 60 Prozent der Offenlandarten in der Bundesrepublik, die zum Teil deutliche Bestandsverluste zu verzeichnen haben. Bei manchen dieser Arten ist der Grad der Bedrohung gravierend. So ging etwa die Rebhuhn-Population um sage und schreibe 89 Prozent zurück. Beim Kiebitz beträgt dieser Rückgang 88 Prozent. Und „[d]er Anbau von Energiepflanzen", so Dr. Christoph Sudfeldt, Geschäftsführer des Dachverbandes Deutscher Avifaunisten (DDA), gegenüber der *Süddeutschen Zeitung*, „hat die Situation weiter verschärft."[29] Auch Windräder und Katzen stellen ein enormes Problem dar. So kamen amerikanische Studien zu dem Ergebnis, dass in den USA jährlich zwischen 1,4 und 3,7 Milliarden Vögel und zwischen 6,9 und 20,7 Milliarden kleine Säugetiere von Katzen getötet würden. Wie viele Vögel in Deutschland jedes Jahr

---

28 Kein Insektensterben 2019 & Angeblicher Insektenschwund: Alles Lüge? Krisenkommunikation, Mietmäuler & Greenwash: http://www.bund-rvso.de/insektensterben-luege-kein-.html.

29 Zit. nach Krumenacker, Thomas: Der Artenschwund nimmt kein Ende: https://www.sueddeutsche.de/wissen/biodiversitaet-der-artenschwund-nimmt-kein-ende-1.4372553

durch Hauskatzen getötet werden, lässt sich bei einem Bestand von acht Millionen Hauskatzen leicht erahnen.[30]

Die Vielfalt ist gleichsam an allen Fronten unter Beschuss: Insekten- und Vogelarten, Dialekte, Sprachen und Kulturen sind gleichermaßen in ihrer Substanz bedroht. Naturschützer sind bestürzt, wenn sie sich das Ausmaß des Artensterbens und den Verlust von 80 Prozent unserer Biomasse an Insekten vergegenwärtigen. Diese Bestürzung teilen wir mit jedem linksgrünen Vorstadtbewohner, aber wir sind darüber hinaus auch über die drohende Abnahme der Biodiversität beim *Homo sapiens* beunruhigt und werden alles dafür tun, dass die 40 000-jährige, separate Evolutionsgeschichte der weißen Rasse im dritten Jahrtausend nicht an ihr Ende gelangt! Wir sind Sand im Getriebe der Nivellierer, der Gleichmacher und Einstampfer biologischer Vielfalt. Wir sind die Hüter der Biodiversität!

---

30 Vgl. Vogelsterben Deutschland 2019! Ursachen: Insektensterben, Agrargifte, Neonicotinoide, Glyphosat, Naturzerstörung, Katzen, Usutu-Virus & Verkehr oder Windräder & Rabenvögel?: http://www.bund-rvso.de/vogelsterben-ursachen.html.

DAS ASS IN UNSEREM ÄRMEL

Wenn ich mich an euch wende, dann in dem stolzen Bewusstsein, dass es sich bei euch gleichsam um die Galileo Galileis, um die Giordano Brunos des 21. Jahrhunderts handelt. Ihr seid politisch Verfolgte, weil ihr die Freiheit der Wissenschaft höher schätzt als die Fesseln der politischen Korrektheit. Ihr seid politisch Verfolgte, weil ihr nicht widerrufen möchtet. Dem Dogma, alle Menschen seien gleich, schleudert ihr euer trotziges „und sie unterscheiden sich doch" entgegen! Ich bin glücklich darüber, mich selbst zu eurem Kreis zählen zu dürfen. Wir sind es, die vom Baume der Erkenntnis von Schwarz und Weiß – der Erkenntnis auch des Unterschiedes der Geschlechter – gekostet haben. Wir haben damit einen Schritt aus der Unmündigkeit hinaus getan. Mit Entsetzen nehmen wir die Tatsache zur Kenntnis, dass die Mehrheit unserer Landsleute und das Gros der Menschen unserer Rasse weltweit es vorzieht, in der selbstverschuldeten Unmündigkeit zu verharren.

Die Egalitaristen brüsten sich gerne damit, farbenblind zu sein. Doch sind sie das auch tatsächlich? Ich glaube, dass wir ein Ass im Ärmel haben, weil wir unserem Handeln ein biologisch korrektes Weltbild zu Grunde legen statt einer politisch korrekten Seifenblase! Unser Denken fußt auf dem Wissen um neurologische Prozesse und die Grundmuster menschlichen Verhaltens. Drei Thesen möchte ich zu Beginn aufstellen:

1. Die Bevölkerungstransfers vom afrikanischen Kontinent und dessen arabischen Anrainerstaaten nach Europa stellen eine beispiellose Missachtung humanethologischer Erkenntnisse dar.

2. Alle Menschen – einschließlich der Gutmenschen – denken in rassischen Kategorien, und zwar auch dann, wenn sie sich dessen nicht selbst bewusst sind.
3. Auch wenn es nicht gelingen sollte, die Masse der Europäer zum Handeln zu bewegen, ist es wahrscheinlich, dass die weiße Rasse in diesem Millennium nicht vollständig vom Angesicht der Erde verschwinden wird.

Unter der Überschrift „Multikulti ist nicht natürlich" erschien am 8. Juni 2018 ein Nachruf auf den Verhaltensforscher Irenäus Eibl-Eibesfeldt in der *Jungen Freiheit*. Konrad Adam schreibt darin über den Forscher: „Er war Naturwissenschaftler, also Realist, geriet aber gerade dadurch, ähnlich wie vor ihm schon so viele andere und neulich wieder der US-Genetiker David Reich, ins Schußfeld von Fortschrittsfreunden, die von Konstanten nichts hören wollen, weil Konstanten ihrem Wunsch nach Veränderung und Verbesserung des Menschen den Weg verlegen würden.

Zu diesen Konstanten gehörte für Eibl-Eibesfeldt auch und vor allem das biologisch tief verankerte Mißtrauen gegen alles Ungewohnte und Fremde."

Dass er nicht widerrief, brachte ihm den Status eines Ketzers ein. Damit gehört er ebenfalls in den Kreis derer, die sich den blauen Himmel nicht für grün weismachen lassen, weil das gerade *en vogue* ist. Denn falls es ein Gedankenverbrechen ist, zu sagen, dass Zwei plus Zwei gleich Vier ist, dann wollen wir gerne Gedankenverbrecher sein!

Man muss gewiss kein Genie sein, um zu begreifen, dass Identität immer nur in Abgrenzung zu anderen und dass Gruppenidentitäten nur in Abgrenzung zu anderen Gruppen existieren können. Für ein Erkennen im überindividuellen Kontext ist der Bezugsrahmen von Heimatregionen, historischer Erfahrung und gemeinsamer Abstammung ungemein wichtig. Diese Grundlagen von Identität sind keineswegs durch einen Verweis auf eine ominöse Menschheit zu ersetzen, unter der – so bemerkt Sascha Roßmüller – in vielerlei Hinsicht nicht mehr zu verstehen sei, als wenn von der „Pferdheit" oder einer „Tierheit" die Rede wäre.

Die ständige Missachtung dieser Binsenwahrheiten ist für die einwanderungspolitischen Entscheidungen der letzten Jahre charakteristisch. Ist es nicht bezeichnend, dass die EU-Bürokratie 210 Gesetze für Löffel und sogar 454 Vorschriften für Handtücher hervorgebracht hat, aber beim Schutz ihrer Außengrenzen auf ganzer Linie versagt?!

Erst im Mai 2018 wurde mit der Unterzeichnung der „Marrakesh Political Declaration" gleichsam ein weiterer Nagel in den Sarg des allem Anschein nach zum Sterben verurteilten Europa getrieben. Auf der Konferenz in Marokko, an der 58 europäische und afrikanische Staaten beteiligt waren, ging es *nicht* darum, der Massenmigration in das gelobte Land Europa einen Riegel vorzuschieben, sondern vielmehr darum, die Massenmigration zu legalisieren. Einzig Ungarn weigerte sich wacker, das Dokument zu unterzeichnen.

Überhaupt ist es nur Ungarn, das sich der Worte Peter Sloterdijks, wonach es keine moralische Pflicht zur Selbstzerstörung gebe, voll und ganz bewusst zu sein scheint. Die Regierung Polens, die sich beinahe ebenso vehement gegen die Aufnahme von nahöstlichen Migranten stemmt wie Ungarn, erwägt derweil nämlich das Hereinholen von angeblich kulturell kompatiblen, weil katholischen Filipinos, um des Fachkräftemangels im Land Herr zu werden. Die Verantwortlichen in unserem östlichen Nachbarland vergessen dabei, dass man seinem Volkskörper ungestraft nur gleiche und ähnliche Elemente hinzufügen darf, wenn man keinen Ethnosuizid begehen möchte.

Jacques de Mahieu brachte diese Erkenntnis in seinem Büchlein *Volk – Nation – Rasse* hervorragend auf den Punkt. Er schreibt über die Grundsätze der Einwanderungspolitik: „Die Versuchung der Quantität und vor allem der preiswerten Arbeitskraft [...] wirkt sich leider sehr oft in negativer Weise aus. Aber auch ohne diese sind die zu beachtenden Maßstäbe der Auswahl – Rasse, Biotyp, Kultur, Sprache, Religion, Berufsausbildung, Gesundheitszustand und Anpassungsfähigkeit – so zahlreich und stellen sich manchmal so widerspruchsvoll dar, daß die Aufgabe gewiß nicht leicht ist. Es ist jedoch nicht zu bezweifeln, daß es unter den fraglichen Faktoren eine notwendige Rangordnung gibt und daß dabei die Rasse an erster Stelle steht. Man kann einen Kranken heilen, einen Analphabeten unterrichten, einem Fremden die Landessprache beibringen, einen Andersgläubigen zur rechten Religion bekehren. Man könnte, mit mehr Zeitaufwand natürlich, aus einer qualitativ niederstehenden Bevölkerung eine Elite auswählen; aber es wird nie gelingen, aus einem Neger einen Weißen zu machen und umgekehrt."

Wie viel intelligenter wirkt da das Vorgehen des ebenfalls stark überalterten Japan, das im vergangenen Jahrhundert bereits zweimal einen starken Mangel an Arbeitskräften erlebte – einmal in den 1960er Jahren und dann wieder in den 1980ern. Statt sich wie etwa die Bundesrepublik Deutschland dem Zustrom von Gastarbeitern zu öffnen, setzten die Japaner lieber auf eine fortschreitende Automatisierung und eine teilweise Produktionsverlagerung ins Ausland. Zusätzlich führten sie ihrer Industrie Frauen, Studenten, Pensionäre und Landarbeiter zu. Auch heute, da diese Strategien alleine nicht mehr genügen, ist Japan mitnichten gewillt, seine Homogenität einer boomenden Wirtschaft zu opfern. Und das trotz der Tatsache, dass auf jeden Arbeitssuchenden 1,6 Stellenangebote kommen! Zwar möchten nun auch die Japaner Einwanderung zugunsten der Wirtschaft forcieren, doch man achte genau darauf, welche Einwanderer dieses intelligente Volk dafür vorgesehen hat: die „Nikkeijin"! Bei den „Nikkeijin", was übersetzt etwa „die Japanstämmigen" bedeutet, handelt es sich um Nachfahren von japanischen Auswanderern.

Schon seit den 1990er Jahren wird es dieser Gruppe von Menschen erlaubt, mit einem besonderen Arbeitsvisum in Japan einer Beschäftigung nachzugehen. War die Vergabe dieser Visa bisher jedoch auf Nachfahren bis zur 3. Generation beschränkt, sollen nun auch Auslandsjapaner in der 4. Generation eine Arbeitserlaubnis erhalten. Es stünde den Politikern in Europa gut zu Gesicht, einmal nach Japan zu blicken und entsprechende Gesetzentwürfe einzubringen, um die Einwanderung in einem biologisch korrekten Sinne und damit auch im Einklang mit der Humanethologie zu regeln. Auf dieser Grundlage wurde auch das bis 1965 gültige Einwanderungsgesetz der USA formuliert, das die Zulassung nichtnordwesteuropäischer Einwanderer beträchtlich einschränkte und eine solche von Farbigen verbot.

Doch was machen unsere Herren und – besonders – Frauen Politiker stattdessen? Sie setzen offensichtlich alles daran, die Masseneinwanderung aus Afrika und dem Orient zu optimieren, um den großen Austausch reibungsloser zu gestalten. Gleichzeitig wird den weißen Südafrikanern in der Bundesrepublik kein Schutzstatus zuerkannt, obwohl seit Ende der Apartheid über 70.000 weiße Südafrikaner ermordet wurden und die dortige Regierung eine entschädigungslose Konfiszierung von Land angekündigt hat. Unsere Politiker zerbrechen sich eben lieber darüber die Köpfe, wie mit der „Xenophobie", dem „Rassismus" und der „Diskriminierung" in Europa umgegangen werden solle.

Dass sie auf ihrem Kreuzzug gegen den Rassismus, der ja nichts anderes als ein Ausdruck von natürlicher „Fremdenscheu" im Sinne Eibl-Eibesfeldts ist, ihr Hattin oder wahlweise auch ihr Waterloo erleben könnten, erscheint mir indes nicht unwahrscheinlich. Darüber hinaus hat Jared Taylor in seinem Buch *White Identity* eine schier unglaubliche Fülle von Indizien und Beweisen für die Richtigkeit meiner zweiten These, nicht nur wir, sondern auch die Gutmenschen seien in Wahrheit „Rassisten", zusammengetragen. Das Buch hat rund 1.600 Fußnoten. Alle Fakten, die ich bei der nun folgenden Beweisführung präsentieren werde, beziehe ich aus dieser wissenschaftlichen Arbeit.

Das erste Beispiel für den Krypto-Rassismus der schweigenden Mehrheit, das ich geben möchte, ist ein Phänomen, das in den USA unter der Bezeichnung „White Flight" bekannt ist. Die Innenstädte sind in den Vereinigten Staaten heute fast exklusive Biotope für Schwarze oder Lateinamerikaner. So stellten etwa die weißen Schulkinder in Detroit im Schuljahr 2006/2007 nur noch 2,4 Prozent der Schülerschaft, in San Antonio 3 Prozent und in der Hauptstadt Washington, DC 5,7 Prozent. Die Weißen haben diese Wohngegenden längst verlassen und sind in den Vorstädten ansässig geworden.

Dieses Bild spiegelt sich wiederum in den Parallelgesellschaften europäischer Großstädte wie Brüssel, Malmö oder Mannheim wider. Allerdings wandelt sich mittlerweile auch das Bild in den Vorstädten, die sich sukzessive dunkler färben. Deshalb begannen Weiße bereits in den 1980er Jahren, verstärkt aus dem immer hispanischer werdenden Süden Kaliforniens in den Norden des Bundesstaates zu ziehen. Viele Umsiedler zog es nach Nevada County, das in nur 15 Jahren eine

Bevölkerungszunahme von 65 Prozent verbuchen konnte und zu 93 Prozent weiß blieb. Diese implizite Präferenz für gleichrassige Nachbarn gilt im Übrigen auch für linksliberale Amerikaner, die sich in ihren Heiratsgewohnheiten nicht wesentlich von Angehörigen des Ku Klux Klan unterscheiden. Nicht umsonst gibt es den Aphorismus, dass eine Hochschulausbildung in den USA zwei Vorteile mit sich bringe: das Erlernen einer politisch korrekten Einstellung gegenüber Minderheiten und die finanziellen Mittel, sich ein Leben möglichst weit entfernt von diesen Minderheiten leisten zu können.

Es gilt nun bei aller Rhetorik festzuhalten, dass das Privatleben von Angehörigen der weißen Mittelschicht und Oberschicht diesseits wie jenseits des Atlantiks ihre Multikulti-Agenda auf krasse Weise konterkariert.

Die Postulate der Egalitaristen – denn keines ihrer Dogmen ist wissenschaftlich fundiert – werden durch das Handeln derselben Personen *ad absurdum* geführt! Sie predigen gleichsam Wasser und trinken heimlich Wein! Allerdings wird die antirassistische Fassade mitunter sogar mittels handfester Falschbehauptungen aufrecht erhalten, wie folgendes Beispiel demonstriert: Als ein Soziologe der Duke University seine weißen Studenten im Hörsaal darum bat, die Hand zu heben, wenn sie einen schwarzen Freund an der Uni hätten, meldeten sich ausnahmslos alle. Als er daraufhin die schwarzen Studenten aufforderte, die Hand zu heben, falls sie einen weißen Freund an der Bildungseinrichtung hätten, meldete sich – kein einziger! Bei einem Anteil von 10 Prozent Schwarzen an der Hochschule hätte jeder Schwarze rein statistisch acht oder neun weiße Freunde haben müssen!

Mit einer weiteren Kategorie von Beispielen – dieses Mal naturwissenschaftlichen Art – möchte ich meine zweite These, alle Menschen – auch die Gutmenschen – dächten in rassischen Kategorien, noch fester untermauern.

Nach 15 Jahren der intensiven Erforschung von Kindern mit Blick auf die Rassenthematik gelangte Lawrence Hirschfeld von der University of Michigan 1996 zu der Auffassung, dass unser Gehirn in einer Weise funktioniere, die rassisches Denken zu einem beinahe automatischen Bestandteil unseres mentalen Repertoires mache. Neuere Forschungsergebnisse bestätigen dies. Wissenschaftler der renommierten Stanford University fanden beispielsweise heraus, dass Menschen sogar besser darin sind, einfarbig schwarze Profilansichten, auf denen nur die Stirn-, Augen-, Nasen- und Kinnpartien abgebildet sind, einer bestimmten Rasse zuzuordnen als einem Geschlecht oder einer Altersklasse.

Aber es kommt noch dicker: Wenn wir mit ansehen, wie einem anderen Menschen Schmerzen an einer bestimmten Stelle zugefügt werden, reagiert unser Nervensystem in einer Weise, als hätten wir selbst an dieser Stelle einen Schmerz verspürt – offensichtlich ohne dass wir tatsächlich diesen Schmerz wahrnehmen. Ein italienisches Forscher-Team hat nun eingedenk dieser Tatsache weißen und schwarzen Probanden Videos gezeigt, in denen Hände mit Nadeln gepiekst wurden. Das Ergebnis dürfte für die Befürworter von Regenbogengesellschaften katastrophal sein – geradezu niederschmetternd! Wurde eine weiße Hand gepiekst, so war die nervöse Reaktion bei weißen Probanden viel ausgeprägter und auch ihre Herzfrequenz erhöhte sich und die Schweißaktivität nahm zu. Bei den schwarzen Probanden zeigte sich das umgekehrte Bild.

Es gibt allerdings eine Gruppe von Menschen, die keine natürlichen Rassepräferenzen haben. Diese Menschen leiden am sogenannten Williams-Syndrom. Am Zentralinstitut für Seelische Gesundheit in Mannheim wurde eine Studie durchgeführt, bei der fünf- bis siebenjährige Kinder gute und schlechte Eigenschaften verschiedenen Personen zuordnen sollten. Die gesunden Kinder ordneten die guten Eigenschaften Personen ihrer eigenen Rasse zu, die schlechten Eigenschaften brachten sie mit Fotografien Andersrassiger in Verbindung. Zwanzig Kinder mit Williams-Syndrom zeigten sich hingegen völlig indifferent bei der Zuordnung.

Menschen mit Williams-Syndrom sind nicht dazu in der Lage, Gesichtsausdrücke zu lesen, die eine Gefahr suggerieren und weisen darüber hinaus eine kognitive Behinderung unterschiedlichen Schweregrades auf. Weitere Merkmale sind ein schmaler, länglicher Brustkorb mit hängenden Schultern sowie eine Vorverlagerung der Zunge, die dazu führt, dass der Mund häufig offen steht. Es wird angenommen, dass die Kommunikation zwischen der Amygdala und dem präfrontalen Kortex bei Personen mit Williams-Syndrom gestört ist.

Die Egalitaristen haben nun, wie mir scheint, zwei Möglichkeiten: Entweder geben sie zu, dass sie tief im Innern in rassischen Kategorien denken und dieser Rassismus ein Geschenk der Evolution ist, das sie zwar hassen, aber niemals loswerden können – oder sie lassen die Schultern hängen und strecken die Zunge raus ...

Es gibt aber durchaus Gutmenschen, die selbst auf ihre eigene Lebenslüge hereinfallen. Das sind im Grunde die einzigen, die ich von Herzen bedauere. Ich möchte hier das Beispiel einer Britin anführen, die ihre zweite Ehe mit einem Inder geschlossen hat.

Sie heißt Lowri Turner und wenn sie von ihrer gemeinsamen Tochter spricht, dann hört sich das so an: „Ich bin schockiert". [...] „Sie erscheint mir so fremd. Mit ihren langen, schwarzen Wimpern und ihrem glänzenden, dunkelbraunen Haar sieht sie kein bisschen aus wie ich. Mir war nicht klar, dass ihr anderes Aussehen einen Unterschied machen würde – und auf einer rationalen Ebene sollte es keinen Unterschied machen. Aber das tut es." Zu ihren beiden Söhnen aus erster Ehe, die beide milchigweiße Haut und goldene Haare haben, besteht daher eine größere emotionale Nähe.

Es ist der legitime Wunsch jedes gesunden Menschen, sich in seinen Kindern wiederzuerkennen. Das wusste auch der große schwarze Boxer Cassius Clay – besser bekannt als Muhammad Ali. Er sagte während eines Fernsehinterviews unter anderem: „Drosseln fliegen mit Drosseln, Virginische Nachtigallen schätzen die Gesellschaft Virginischer Nachtigallen. [...] Jeder intelligente Mensch möchte, dass seine Kinder so aussehen, wie er selbst."

Frau Turner hat sogar die biologische Ursache ihres Dilemmas erkannt. Sie sagt: „Die Evolution fordert von uns, Kinder in die Welt zu setzen, um unsere Gene weiterzugeben, daher das Gefühl von Stolz und Bestätigung, das sich in uns regt, wenn wir unsere Züge in der nächsten Generation wieder aufscheinen sehen. Mit meiner Tochter habe ich dieses Gefühl nicht ..."

Es würde sehr wahrscheinlich die Intelligenz eines jeden Lesers beleidigen, wenn ich jetzt damit anfangen würde, Belege für die Existenz von Rassen anzuführen. Allerdings stünden wir mit unseren Axiomen auch dann auf der richtigen Seite, wenn Rassen nur „soziale Konstrukte" wären. An den zuvor beschriebenen neuronalen Prozessen würde sich in diesem Fall nichts, aber auch gar nichts ändern. Und das ist ja das Entscheidende!

Ich gedenke nun mittels einer allerletzten Studie dem biologisch inkorrekten und aus humanethologischer Sicht verantwortungslosen Menschenversuch Multikulti den argumentativen Todesstoß zu versetzen. Der Harvard-Soziologe Robert Putnam untersuchte 41 verschiedene Gemeinden in den USA, darunter das äußerst homogene South Dakota sowie den multikulturellen Moloch Los Angeles. Eine große Korrelation fand er zwischen Homogenität und gegenseitigem Vertrauen. Umgekehrt herrschte in den Gebieten mit der größten rassischen und ethnischen Vielfalt das geringste Vertrauen unter den Anwohnern. Putnam war nicht sehr glücklich mit diesem Ergebnis und versuchte, andere Faktoren wie Armut, Altersstruktur, Bildung, Bevölkerungsdichte und die jeweilige Kriminalitätsrate stärker zu berücksichtigen, aber letztlich musste er doch konstatieren, dass Diversität *per se* starke Auswirkungen habe. Unter die Segnungen der vielgepriesenen Vielfalt rechnet der Professor neben zahlreichen anderen:

1. eine geringere Wahlbeteiligung und weniger ehrenamtliches Engagement,
2. eine geringere Zahl von Freunden und eine als schlechter eingeschätzte Lebensqualität – sowie
3. ein gesteigerter Fernsehkonsum und eine höhere Zustimmung zu der Aussage, Fernsehen sei die wichtigste Art der Unterhaltung.

Auf eine knappe Formel gebracht lautet das Resümee: Ethnische Vielfalt = soziale Auflösung!

Und wie viele Menschen leben jetzt schon vereinsamt in Stadtvierteln, in denen sie längst einer kleinen Minderheit angehören? Ich sollte eher sagen, sie vegetieren ohne soziale Kontakte vor sich hin. Doch daran, dass es so gekommen ist, tragen nicht die Migranten Schuld, sondern die Europäer selbst, die über Jahrzehnte hinweg die falschen Wahlentscheidungen getroffen haben. Die Worte des französischen Gegenaufklärers Joseph Marie de Maitre haben heute noch mehr Gültigkeit als vor 200 Jahren. In einem Brief vom 15. August 1811 schrieb er folgenden Satz: „Jedes Volk hat die Regierung, die es verdient." Und in der Tat! Wir haben in Deutschland kein Ausländerproblem. Wir haben ein Inländerproblem! Und dies gilt *mutatis mutandis* auch von den anderen weißen Nationen der westlichen Welt ...

Wenn die Weißen nur irgendwoher den Mut nehmen könnten, ihre Schuldgefühle über Bord zu werfen und die „Political Correctnes" zum Teufel zu jagen! Der europäische Mensch hat wahrlich keinen Grund dazu, seinem eigenen Ende gleichgültig entgegenzusehen. Wer Astronauten, wer Kosmonaten hervorgebracht hat, *darf* seinem Ende nicht tatenlos entgegensehen!

So wie sich Adam und Eva ihrer Nacktheit bewusst wurden, nachdem sie vom Baume der Erkenntnis gegessen hatten, muss auch jeder, der sich im Obstgarten Charles Darwins umgetan hat, zur Erkenntnis der Unterschiedlichkeit der Rassen gelangt sein. Da nimmt es fast wunder, dass die Evolutionstheorie überhaupt noch an Schulen gelehrt werden darf. Für einen solchen Menschen aber, der von den Früchten des Darwinismus gekostet hat, gibt es kein Zurück, wenn er nicht seine Selbstachtung verlieren möchte. Und wir können all jenen, die an diesen Punkt gelangt sind, nur zurufen: bekennt euch zur Rasse. Schüttelt ab die Fesseln der „Political Correctnes" und atmet frei. Zeigt endlich Gesicht! Bekennt Farbe! Ihr seid nicht allein! Indem wir dies tun, übernehmen wir die Rolle des kleinen Jungen im Märchen, der ruft: „Der Kaiser ist nackt!"

Jemand, der angesichts all der hier präsentierten Fakten und Erkenntnisse noch immer die zentrale Bedeutung der Rassenfrage nicht zu erfassen imstande ist, der steht für mich – mit Verlaub – intellektuell auf einer Stufe mit jenen Kreationisten, die an die Erschaffung der Welt in sechs Tagen glauben!

Der große Literat H. P. Lovecraft ist es gewesen, der postulierte, Rassevorurteil sei ein Geschenk der Natur, „dazu gedacht, die verschiedenen Unterteilungen des Menschengeschlechtes, welche die Zeiten hervorbrachten, in Reinheit zu erhalten."

Ich glaube, dass wir damit ein Ass im Ärmel haben. Wir leben gleichsam im Einklang mit der Natur! Darüber hinaus fühlen wir eine moralische Verpflichtung, das Band nicht zu zerreißen, das uns mit den Dichtern Homer und Shakespeare, das uns mit Friedrich Schiller, aber auch mit Karl Martell, mit Johann III. Sobieski sowie mit den Pionieren der Lüfte Charles Lindbergh und Neil Armstrong verbindet. Um unsere Rasse vor dem Verschwinden zu bewahren, bedarf es glücklicherweise nicht jedes Angehörigen dieser Rasse. Es bedarf einzig einer kleinen Schar entschlossener Pioniere. Die Mehrheit unserer identitätsvergessenen Zeitgenossen mag unseretwegen weiterhin den Kopf in den Sand stecken und ihr Multikulti zelebrieren, bis nur noch „Monokulti" übrig ist. Wir hingegen wollen uns zur Aufgabe machen, der Welt zu zeigen, dass es auch anders geht: „A city upon a hill!" Ob der Tendenz zur Selbstauflösung zunächst in einem geschlossenen Habitat diesseits oder jenseits des Atlantiks mit der Gründung eines weißen Ethnostaates begegnet werden wird, ist noch nicht abzusehen. Die Notwendigkeit der Errichtung eines solchen liegt hingegen auf der Hand, denn unsere Urenkel verdienen es, weiß in einem weißen Land geboren zu werden, wie es Lothrop Stoddard einst forderte.

Niemand kann uns dazu bringen, gegen unser Gewissen zu handeln, denn schon Martin Luther sagte, dass es weder ungefährlich noch heilsam sei, gegen das eigene Gewissen zu handeln! Anders als Luther sorgen wir uns jedoch nicht um unser Seelenheil, sondern vor dem Blick in den Spiegel und vor dem zweifellos vernichtenden Urteil, das unsere Kindeskinder über uns fällen werden, wenn wir jetzt nicht auf unser Gewissen hören, sondern zulassen, dass jenes Band zerrissen wird, das sie mit den Alten verbunden hätte.

Keine Gehirnwäsche der Welt kann die natürlichen Instinkte der Menschen vollständig unterdrücken – und keine Androhung von Strafen kann dazu führen, dass aufrechte Menschen – egal welcher Hautfarbe – gegen ihr Gewissen handeln! Bleiben wir weiterhin politisch inkorrekt, und seien wir es in dem stolzen Bewusstsein, sowohl die Natur als auch die Moral auf unserer Seite zu haben!

ÜBER DEN WOLKEN

Nova Europa nur Pragmatismus? Ich sagte das oft, aber es ist doch mehr! Es ist eine Sehnsucht, ein hochfliegender Gedanke, eine Vision! Vielleicht kann ich mich über den Wolken der Sache nähern. Eine Stunde habe ich Zeit bis Mailand.

Unsere Jugend ist beseelt von einem Ideal: Die Welt wollen sie retten, das Abendland ist ihnen egal. Hätte man die Möglichkeit gehabt, sie für unsere Sache zu gewinnen, wie Nikolai Alexander glaubt? Wir werden es wohl nie erfahren.

Die jungen Akademiker, geschult im analytischen Denken, wo es um ihr Fachgebiet geht, entpuppen sich ansonsten als die verbohrtesten Dogmatiker. Fast hat man den Eindruck, sie wären in Klosterschulen erzogen worden. In Klosterschulen des Homokratismus und des Universalismus, versteht sich. Eine Libertinage des Geistes, eine gewisse Flexibilität hinsichtlich ihrer Doktrin, eine Kühnheit zuletzt im Denken wird man bei ihnen vergeblich suchen.

Unsere jungen Soldaten, ohnehin eine seltene Spezies, werden zum Schnüffeln angeleitet. Doch wer heute seinen Kameraden beim MAD oder einem Vorgesetzten meldet, weil dieser die falsche Musik gehört oder eine kritische Bemerkung hat fallen lassen, hätte in den 30er Jahren des vergangenen Jahrhunderts den rechten Arm wahrscheinlich gar nicht mehr herunter und die Nase kaum noch aus dem Arsch des Blockwarts bekommen.

Wie bemerkte doch bereits Ignazio Silone so überaus treffend: „Wenn der Faschismus wiederkehrt, wird er nicht sagen: Ich bin der Faschismus. Nein, er wird sagen: Ich bin der Antifaschismus". Doch wie ist es um die Résistance bestellt? Von einigen politisch unbedeutenden Grüppchen abgesehen, handelt es sich um Wutbürger, die Fake-News teilen und Angst vor verschleierten Frauen haben. Ihr Hauptmotiv scheint neben dieser Angst der Neid zu sein. Der Grundtenor und zugleich das Mantra dieser Leute lautet: Die Flüchtlinge bekommen alles in den Arsch geschoben! Flüchtling müsste man sein! Es geht ihnen nicht um Charlemagne, nicht um Karl Martell, um Johann Sobieski, um die abendländische Philosophie, nicht um Homer, Shakespeare oder Kleist, nicht einmal darum, dass ihre Enkelkinder so aussehen wie ihre Großeltern. Nichts treibt sie als der Gedanke an sich selbst. Sie tun das Richtige, doch aus den falschen Gründen. Die Triebfeder ihres Handelns ist nicht so sehr ideeller als vielmehr materieller Natur. Man möchte ihnen das Abendland kaum gönnen!

Wieder andere liegen einem mit Verschwörungstheorien in den Ohren. Der Jude ist schuld! Der Islam ist unser Feind! Aber eigentlich stehen dahinter die Illuminaten. Einziger Hoffnungsschimmer: die IB und die Neue Rechte. Allein, auch mit deren Positionen kann man sich nicht immer zu 100 Prozent identifizieren. Wie stünde es etwa um die Freiheitsrechte des Individuums, wenn der bärtige Mann aus Russland den Ton angäbe?

Was machte man bloß ohne Ambiguitätstoleranz!? Mit einem Geschichtsstudenten über Thukydides und den Peloponnesischen Krieg sprechen, das geht. Über die Ursachen, die zum Zerfall des *Imperium Romanum* beigetragen haben, kann man sich möglicherweise auch noch niveauvoll unterhalten, doch sobald es um die Faktoren geht, die zum Niedergang der westlichen Zivilisation führen werden, wird sofort abgeblockt oder es kommt nur noch Quark. Es ist gerade so, als würden die Menschen auf einen Schlag 20 IQ-Punkte dümmer, sobald es um die Masseneinwanderung und ihre Auswirkungen geht. Mit einem besorgten Bürger ist man deshalb jedoch nicht lieber beisammen!

Wo ist die kleine Schar Gleichgesinnter, die die Vielfalt auf der Welt bewahren möchten, die das Eigene lieben, ohne das Fremde zu hassen oder geringzuschätzen? Mehr noch, die das Eigene bewahren möchten, ohne es für das Beste zu halten, die dabei das Kind nicht mit dem Bade ausschütten, indem sie das Kollektiv zuungunsten des Individuums verabsolutieren? Identität – Freiheit – Augenmaß: Das müssen die Schlagworte sein. Auslese, Autoevolution, genetischer Flaschenhals: Aus den europäischen Völkern einen bestimmten Schlag Mensch herausdestillieren. Nicht mit einer Gruppe Auserwählter, sondern sich selbst Auswählender etwas Neues und zugleich Altes schaffen, das es wert ist, bewahrt zu werden! Ein Galt's Gulch! Diese Sehnsucht, dieser hochfliegende Gedanke, diese Vision heißt Nova Europa. Der Flieger ist gelandet.

MAKE MANNHEIM STRAIGHT AGAIN

„Make Mannheim straight again!" stand auf dem Transparent, mit dem sich eine Handvoll Aktivisten am Rande der Schwulen- und Lesbenparade im August präsentierte. Offensichtlich handelt es sich bei der Parole eher um eine humoristische Anspielung auf Trumps Wahlkampfslogan, denn um eine ernst gemeinte Forderung. Wer schwul ist, der ist es nun einmal.

Da Homosexualität nicht nur bei Menschen, sondern auch im Tierreich vorkommt und für Männer eine starke genetische Prädisposition angenommen wird, während weibliche Homosexualität zu etwa 80 Prozent von sozialen Faktoren bestimmt wird, muss es im Rahmen der Evolution Vorteile für Gruppen gegeben haben, in denen einige Männer homosexuell waren. Die genetische Prädisposition zu jener Neigung hätte sich ansonsten längst herausgemendelt. Weder lesbische Frauen noch schwule Männer treffen in aller Regel eine bewusste Willensentscheidung ihre sexuelle Orientierung betreffend. Ein Zusammenspiel aus Genen und Umwelteinflüssen macht sie zu Homosexuellen. Sie sind zumeist weniger Agens, als vielmehr Patiens dieser Entwicklung. Was die Herrschaften, Damen und 58 weiteren Geschlechter, für die man sich bei Facebook entscheiden kann, in ihren Schlafzimmern treiben, interessiert mich nicht und hat auch den Staat nichts anzugehen, so lange an den sexuellen Praktiken nur ausgewachsene Exemplare der Spezies *Homo sapiens sapiens* beteiligt sind, also weder die Kinder noch die Haustiere des Nachbarn zu Schaden kommen.

Ich persönlich bin gegen die Kriminalisierung von Homosexualität und begrüße die Streichung des entsprechenden Paragraphen

175 aus dem Strafgesetzbuch. Trotzdem hielten wir es für erforderlich, mit unserer Aktion ein Zeichen gegen den Schwulen- und Lesbenkult zu setzen, weil es der LGBTQ-Lobby ganz zweifelsohne gelungen ist, die Homosexualität und andere sexuelle Abweichungen von der Norm nicht nur zu entkriminalisieren, sondern moralisch zu überhöhen und Angehörige dieser Gruppen gleichsam mit dem Nimbus des ewigen Opfers von Diskriminierung auszustatten. Es gilt anno 2019 daher geradezu als chic, homosexuell oder hinübergeschlechtlich zu sein. Sich als Transmensch oder Homosexueller zu outen gilt dabei noch immer als mutig und rebellisch, obwohl in jeder Fernseh-Jury mindestens ein Schwuler sitzt. Sogar das Rathaus ist schon Tage vor dem Christopher Street Day mit Regenbogenfahnen beflaggt, verdammt noch mal!

Unser Protest richtet sich nicht gegen Homosexuelle, sondern gegen die billige Effekthascherei aufgeplusterter Paradiesvögel, gegen den Kult des Abartigen, Grotesken und Hässlichen, gegen die vorsätzliche Verletzung ästhetischer Sehgewohnheiten. Wenn Eltern mit ihren Kindern einem solchen Spektakel beiwohnen, bei dem leicht bekleidete Männer von Frauen in Lack und Leder an der Leine geführt oder ausgepeitscht werden, muss man sich fragen, ob sich diese Eltern mit ihren Kindern auch einen Horrorfilm oder einen Porno ansehen würden. Oder ist es nur die Begeisterung in der Masse? Das Gefühl, nicht irren zu können, weil Zehntausende das gleiche tun? Schrieb nicht schon Gustave Le Bon, in der Masse sei jedes Gefühl, jede Haltung ansteckend? Doch in einer Zeit, in der die Masse den vermeintlichen Progressivismus zum alleinigen Götzen erhoben hat, muss der Konservatismus naturgemäß als Magnet auf rebellische Herzen wirken. Auch Schwule sind in unseren Reihen willkommen, sofern sie dem dekadenten Zeitgeist und der Verklärung ihrer sexuellen Ausrichtung als etwas Wünschenswertem eine Absage erteilen.

IM NACHGANG
AFRIKANISCHE SPIELE

Nach Lehre und Abitur bin ich als Maschinenkadett zur See gefahren, um etwas von der Welt zu sehen. Auf dieser Reise führte ich zunächst ein Reisetagebuch, nahm jedoch nach einigen Monaten keine Eintragungen mehr vor, um mich ganz der Arbeit an dem Zukunftsroman *Das Kreuz des Südens – Exodus aus Europa* widmen zu können. Jenes Reisetagebuch befand sich fünf Jahre lang nicht in meinem Besitz, sondern in einer Asservatenkammer der US-Armee. Ich habe als Soldat nämlich einmal eine kleine Stubendurchsuchung über mich ergehen lassen müssen, als mein politischer Hintergrund bekannt wurde. Zwar wurden nur mein Laptop, mein Handy und meine Digitalkamera sowie einige Exemplare des erwähnten Romans beschlagnahmt, aber das Tagebuch befand sich leider auf dem Laptop. Da ich nichts mehr über etwaige Ermittlungen hörte, aber auch etwas Gras über die Sache wachsen lassen wollte, habe ich die Gegenstände weder während meiner Militärzeit noch in den ersten Jahren danach zurückgefordert. Erst vor einem halben Jahr schrieb ich die Militärstrafverfolgungsbehörde der US-Armee an und erbat die Rückgabe meiner persönlichen Gegenstände. Wenige Tage später klingelte es bei meinen Exschwiegereltern an der Türe und zwei Special Agents erkundigten sich nach mir. Sie sagten, sie hätten mir noch einige Gegenstände zu übergeben, die aus einer früheren Zusammenarbeit an einem Kriminalfall stammten. Ich habe wirklich meine Zweifel, ob der Militärische Abschirmdienst in Deutschland so viel Taktgefühl besäße, aber wer weiß? Sie hinterließen ihre Visitenkarten und auf diese Weise erhielt ich meinen Kram zurück – auch mein altes Reisetagebuch.

Als ich darin zu lesen begann, war es mir zunächst peinlich, wie geschraubt und manieristisch alle Einträge geschrieben waren. Den nüchternsten Fakten war ich bemüht gewesen, den Anstrich des Pathetischen zu verleihen. Weiters gefallen mir die sperrigen und unnötigerweise oft hypotaktischen Satzkonstruktionen nicht mehr. Jetzt ist mir auch vollkommen klar, weshalb meine Deutschlehrerin mehr als einmal zu mir sagte: „Sie schreiben viel zu altmodisch. Was lesen Sie für Bücher? Sie hören sich an wie jemand aus dem 19. Jahrhundert."

Trotzdem habe ich mich dazu entschieden, einen Tagebucheintrag aus dem Jahr 2011 genau so zu veröffentlichen, wie ich ihn damals niederschrieb. Nur den Anfang werde ich etwas kürzen.

10.10.2011

Mein bis dato aufregendster Landgang liegt hinter mir. Der Abend fing eigentlich ganz beschaulich an: Nachdem ich nachmittags in Djibouti an Land gegangen war, um einige Besorgungen für den Chief Mate und den Leiter der Maschinenanlage zu machen, beschloss ich frohgemut und nichtsahnend der späteren Miseren, auch abends nochmals die Stadt für ein paar Drinks an der Bar aufzusuchen, die ich schon vom letzten Landgang kannte. Es war angenehm, dass die Mittagshitze, unter der ich als Mitteleuropäer einigermaßen gelitten hatte, sich zu einer gemäßigten, gleichförmigen Wärme wandelte, jetzt da die Sonne am Horizont verschwunden war, und dass die Heerscharen von kleinen Fliegen verschwunden waren.

Ich wechselte an derselben Stelle wie zuvor ein wenig Geld und fuhr für 40 Francs in die Stadtmitte. Der erste Club, in den es mich verschlug, hieß Champs und hatte seinen besonderen Reiz darin, dass er nicht wie ein reiner Nachtclub aussah, sondern mit seinen riesigen Flachbildfernsehern, auf denen gerade ein Fußballspiel lief, wie ein Zwitter aus Pub und Nachtclub wirkte. Hier bestellte ich mir einen Whisky mit Eiswürfeln und bekam, wie in allen drei weiteren Nightclubs, denen ich an diesem Abend noch einen Besuch abstatten sollte, zwei zum Preis von einem; eine feine Sache.

An dieser Stelle muss ich einwerfen, dass es in Djibouti keine Bars oder Kneipen gibt, weil Alkohol in dem muslimischen Land theoretisch verboten ist. Es gibt aber für die vielen Soldaten und Seeleute eine Anzahl Nachtclubs, in denen Alkohol zu europäischen Preisen ausgeschenkt wird. Aber wieder zum Tagebucheintrag:

Eine Bedienung sülzte mich voll, sie habe sich in mich verliebt und wolle mich heiraten, was sie vermutlich jedem Europäer erzählte, um ins Gelobte Land zu kommen. Ich fragte sie, ob sie denn schon einmal in Europa gewesen sei, was sie bejahte. Auf meine spezifischere Frage, in welchem Land genau sie sich aufgehalten habe, antwortete sie nach kurzem Zögern, aber vorgebracht mit Überzeugung und Nachdruck: „In Kanada" Ich fiel vor Lachen fast vom Barhocker und erklärte ihr, dass Kanada geographisch in Amerika, nicht in Europa zu verorten sei, sie kulturell gesehen aber schon richtig damit liege.

Als nächstes war der beim letzten Landgang liebgewonnene Nightclub Hermes an der Reihe. Die äthiopische Bedienung, welche mich sofort erkannte, freute sich sichtlich darüber, dass ich Wort gehalten hatte und beim nächsten Landgang in Djibouti wieder in diesem Lokal abgestiegen war. Es folgte eine Zeit ausgelassener Stimmung und Feierlaune in diesem Club, mit dem das Unheil seinen Anfang nahm. Ein paar Stunden später rechnete mir eine zwielichtige Bedienung vor, was ich zu bezahlen hätte und die Äthiopierin, die vielleicht noch einmal hätte Frieden stiften können, war nirgends zu sehen. Der Betrag war horrend. So viele Gläser Whisky konnten es gar nicht gewesen sein. Und außerdem hatte ich nur noch 20 Dollar im Portemonnaie.

So beschlossen wir, die Polizei den Streit schlichten zu lassen. Auf dem Weg zum Marktplatz wurde mir der Gedanke an afrikanische Polizisten aber immer unangenehmer und ich stieg unversehens in ein Taxi und forderte den Fahrer dazu auf, Gas zu geben. Allerdings war der Augenblick, wie ich beschämt zugeben muss, falsch gewählt, denn die Straße, auf der sich der Wagen befand, war regelrecht mit Menschen verstopft. Auch schlug die elende Betrügerin durch das fensterlose Vehikel auf meinen Kopf ein und machte dabei so ein Geschrei und Gezeter, dass binnen Sekunden ein großer Pulk von Umstehenden sich vor dem Taxi bildete und jedes Abfahren unmöglich machte. Dazu eilten Polizisten und schwerbewaffnete Soldaten heran, die mich zum

Aussteigen nötigten, und eine erste Verhandlung mitten auf der Kreuzung setzte ein. Wir wurden zu einem großen Platz geführt, in dessen Mitte ein Tisch aufgebaut war, um den weitere Polizisten hockten, die sich nun der Sache annehmen sollten. Das zweite Verhör begann: Immer wieder brachte erst sie, dann ich die jeweiligen Standpunkte vor und beide gaben wir unserer Unschuld bestmöglich Ausdruck. Letztlich wurde bestimmt, dass ich einen bestimmten noch fälligen Betrag entrichten sollte, wogegen ich mich aber vehement sträubte. So wurde der Fall an das Hauptquartier der Polizei in Djibouti übergeben und ging es in Polizeibussen zum Präsidium, wo das Verhör von neuem einsetzte; hier war es, da ich die hageren Polizisten betrachtete, nur mit Knüppeln bewaffnet, dass ich das erste Mal an Flucht dachte. Nachdem ich hier meine letzten 20 Dollar eingebüßt hatte, forderte man mich immer wieder dazu auf, meinen Namen preiszugeben, worauf ich jedoch glücklicherweise nicht einging. Ich mimte stattdessen mit meiner besten Version von Cockney-Englisch den naiven, angetrunkenen britischen Seemann, der wieder und wieder dieselben Fragen stellte, sodass sie mit ihrem Verhör auf der Stelle traten. Als sie drohten, uns die Nacht über in eine Zelle zu sperren, fürchtete ich, nicht mehr beizeiten zu meinem Container zu gelangen, welcher am nächsten Tag wieder auslaufen sollte, und willigte schließlich ein, zu einer Bank zu fahren und Geld abzuheben.

Ich sinnierte, ob es angebracht wäre, während der Fahrt aus dem Auto zu springen, da ich nicht gewillt war, auch noch diese ungebetene Taxifahrt aus meiner Tasche zu begleichen, aber wir langten schneller an einer Bank an als ich den Gedanken vernünftig zu Ende hätte denken können; und auch hier warteten mehrere Polizeibeamte auf uns. Ich versuchte beim ersten Automaten mehrfach Geld zu ziehen, was nicht gelingen wollte, da ich erstens wissentlich einen zu geringen Betrag angab und meine Sparkassenkarte zweitens bloß EU-tauglich ist. Die zweite Bank, bei der ich es versuchen sollte, lag gerade gegenüber auf der anderen Straßenseite. Hier witterte ich wieder meine Chance, aber man blieb mir so dicht auf den Fersen, dass ich auch den Plan, hier zu türmen, verwarf. Natürlich bekam ich auch an diesem Automaten kein Bares; und so wurde bestimmt, wir sollten zum Hafen fahren, wo ich auf dem Schiff Geld auftreiben müsse, um nicht ins Gefängnis geworfen zu werden. Ich gab mich damit zufrieden, wusste ich doch, dass ich so zumindest in die Nähe des Hafens käme, aber ich war innerlich unter keinen Umständen dazu bereit, das ganze Schiff – einschließlich des Kapitäns – aufzuwecken und ihnen von meiner nächtlichen Eskapade Bericht zu erstatten.

Wir hielten in der Nähe des Hafens vor einem Polizeiposten; ich konnte in der Ferne schon die vier Ladekräne eines anderen dort liegenden Schiffes ausmachen. Vor dem Revier saßen zwei Beamte, denen die ganze Geschichte erneut vorgetragen wurde; ich war schon ganz genervt davon, denselben Mist wieder und immer wieder zum Besten geben zu müssen. Ich schickte einen verstohlenen Blick hinüber zu einer Mauer, die etwa drei Meter hoch war, vor der jedoch ein großes Fass lag, auf welches zu springen ich mir durchaus zutraute. Die Polizisten wurden immer herrischer und bestanden auf den Namen des Schiffes und eine Telefonnummer; beides konnte oder vielmehr wollte ich ihnen nicht geben, was sie dazu veranlasste, mich ins Revier hineinzubitten. Einer packte mich links am Ärmel, der andere rechts, und nebenher liefen der Taxifahrer und die Frau, die mir das ganze Theater eingebrockt hatte.

Nun begann aber erst das eigentliche Abenteuer: Ich stieß den einen Beamten weg, riss mich vom anderen blitzschnell los und begann auf das Fass zuzurennen. Allein ich stürzte, raffte mich jedoch sogleich wieder auf, der wütende Mob hinter mir her. Etwas fühlte ich, da ich wieder auf die Beine kam, mich am Rucksack streifen, mich halten wollend, aber nicht zu fassen bekommend. „Gut so", dachte ich, „jetzt auf das Fass und über die Mauer"! Ich hechtete mich geradewegs über die Mauerkrone und ließ mich auf der anderen Seite einfach hinunterplumpsen, dabei nicht bedenkend, dass das Gemäuer eine gewisse Höhe besaß und ich nicht wusste, was sich auf der anderen Seite befände. Meine kleine Unbesonnenheit wurde prompt belohnt. Als ich landete, krachte mein rechter Fuß so unsanft auf den Boden, dass ich ihn erst in die eine, dann in die andere Richtung wegknicken fühlte. „Egal, nur hoch mit Dir und weiter", schoss es mir durch den Kopf. Ich bekam keinen richtigen Halt mehr im rechten Knöchel; und so humpelte ich so schnell es ging in der eingeschlagenen Richtung weiter. Es kam Zaun um Zaun, den ich überklettern musste, Privatgärten, die ich durchstreifte, mich nach einem geeigneten Versteck umsehend; die Verfolger brüllten und lärmten und ich hörte sie links von mir die Straße entlanglaufen. Gerade als ich mich unter ein Auto legen wollte, gewahrte ich fünf oder sechs Meter hinter mir die Betrügerin, die mich entdeckt hatte und kreischte, um die anderen herbeizuholen. Das brachte mich in Sekundenschnelle wieder auf beide Beine, oder besser: auf anderthalb Beine, und ich war schon einen Augenblick später über den nächsten Zaun hinweg. Nun ging es ohne Erbarmen über stacheldrahtbewehrte Zäune, Palisaden und an Hundezwingern vorüber, die ich – Fortuna sei Dank – leer fand; das Gebell hätte mich sicher verraten. Ich hatte die Richtung des Hafens noch im Kopf, beschloss aber selbstverständlich nicht zum Haupttor zu gehen, sondern einen Haken zu schlagen und mich – soweit möglich – rechts zu halten. Es galt eine etwa hundert Meter breite und weithin einsehbare Fläche zu überqueren, wozu ich mich aber notwendigerweise entschließen musste, wenn ich die Nacht nicht in jemandes Garten verbringen wollte. An deren gegenüberliegender Seite befand sich ein mit scharf geschliffenen, eisernen Zinken gekröntes Tor zum Hafenvorgelände, welches ich recht schnell überklettern konnte, da sich darauf kein Stacheldraht befand. Hier begann nun, wenn man so will, die zweite Etappe der Flucht; zumindest war ich einen gewaltigen Schritt weiter. Ich begann nun in dem unbeleuchteten, menschenleeren und mit riesigen Silos bestandenen Vorgelände, jede Deckung ausnutzend, wieder in der Richtung zu gehen, aus der ich gekommen war, da man mich dort nicht vermuten würde. Nachdem ich mehrere der ungefähr dreißig Meter breiten und sechzig Meter hohen Silos durchschritten hatte, kam mir der Gedanke, auf eines derselben hinaufzusteigen und dort ein wenig auszuharren. So ging es also an die Wand gepresst die lange, außen angebrachte, stählerne Wendeltreppe hinan, bis ich oben ankam und mich im äußeren Drittel ausstreckte, da die Bauten in der Mitte konisch zuliefen und ich somit von unten dort leichter zu entdecken gewesen wäre.

Der Wind trug das schrille Geräusch von Trillerpfeifen und unerbittliches Hundegebell und Gekläffe zu mir herüber; die Polizisten hatten die Suchmannschaften des Hafens informiert und diese waren ausgeschwärmt, das war offensichtlich. Eine dreiviertel Stunde lag ich fast regungslos auf dem Rücken und blickte in den teils wolkenverhangenen, teils sternklaren Nachthimmel hinauf, wo mir ein seltsames Sternbild auffiel, welches entfernt an das Kreuz des Südens erinnerte. Ich glaube, es war Venus, die direkt über mir, durch ein kleines Wolkenloch hindurch, so hell am Himmel strahlte. Das Pfeifen und Kläffen wollte nicht aufhören und begann sich mal zu entfernen, mal näher zu kommen. Ich überlegte, was wohl geschehen würde, wenn die Hunde es schafften, Witterung aufzunehmen. Sollte ich ein wenig schwimmen? Ich befand mich beinahe am äußersten Ende des Hafengeländes, das Wasser war also nicht weit. Diesen Gedanken gab ich unter anderem deshalb auf, weil ich meine in Steffens Rucksack mitgeführte Digitalkamera nicht ruinieren wollte. Ich blieb noch eine Weile liegen und aß meinen Apfel, den ich mir für den Fall eingepackt hatte, dass es später werden würde. Während ich kaute, räsonierte ich, ob die Hunde dieses Geräusch wohl hören könnten und wie sie es von dem Kauen fressender Tiere unterscheiden wollten, wenn sie es hörten. Ein törichter Gedanke.

Der Lärm und das Gebell flauten mit der Zeit merklich ab, sodass ich nun die Gelegenheit zum Weitergehen oder zumindest für einen Stellungswechsel für gekommen glaubte. Ich tappte die Wendeltreppe wieder hinunter und schleppte mich zum Zaun der äußeren Hafenanlage, dem ich eine Weile folgte, bis ich auf den ebenfalls mit Stacheldraht versehenen Zaun des inneren Hafenbereiches stieß. Genau an diesem Eck, an dem die beiden Zäune aufeinandertrafen, war der Stacheldraht der äußeren Anlage für zwei oder drei Meter heruntergerissen und kringelte sich auf dem Boden, sodass diese Hürde leicht zu nehmen war. Mein Plan sah jetzt nämlich vor, von der dem Meer zugewandten Seite her in den Hafen einzudringen.

Die Böschung war hier mit großen Steinen aufgeschüttet, kurz unter dem Zaun war sie mit Gesträuch bewachsen. Ich kraxelte gerade über die direkt am Wasser befindlichen und darum schlüpfrigen Steine hinweg, da sah ich plötzlich mit Schrecken eine Person sich mir auf gleiche Weise nähern. Ein Hafenarbeiter? Polizei oder Sicherheitsdienst? Oder ein Flüchtling? Ich war nicht in der Stimmung, es darauf ankommen zu lassen und so fasste ich den Entschluss, an Ort und Stelle über den mit herkömmlichem Stacheldraht und NATO-Draht gesicherten Zaun hinwegzusteigen. Ich befand mich schon halbwegs auf der Krone und versuchte mich durch den schmalen Spalt, der zwischen den beiden Sorten Stacheldraht vorhanden war, hindurchzuzwängen, als mich der Unbekannte eingeholt hatte und zu mir heraufraunte: „I know a better way". Das ließ ich mir nicht zweimal sagen; der NATO-Draht hatte mir nämlich schon die Hände zerschunden. Mir war am kleinen Finger der linken Hand und am Daumen der rechten jeweils ein kleines dreieckiges Stück herausgerissen. Der Mann war, wie er freimütig zugab, ein Schieber aus Äthiopien, der selbst vorhatte, sich in den nächsten Tagen auf ein Schiff zu schleichen. Ich hätte es nie für möglich gehalten, einmal mit so einem Menschen gemeinsame Sache zu machen, aber er zeigte mir tatsächlich ein kleines Stückchen weiter ein Loch im Zaun – gerade so groß, dass ein Mann hindurchzukriechen vermochte. Und so schlüpfte erst er, dann ich in das Innere des Hafengeländes. Es stellte sich schnell heraus, dass ich an einen vollendeten Idioten geraten war, der vermutlich irgendwelche Drogen eingeworfen hatte, denn er begann so laut zu sprechen, dass ich ihm am liebsten den Hals herumgedreht hätte, um nicht entdeckt zu werden. Ich versuchte ihn loszuwerden, indem ich ihm versicherte, kein Geld bei mir zu haben, das Hafengelände zu kennen und selbstständig zu meinem Schiff zu finden. Allein er wich mir nicht von der Seite. Er sagte, er sei Christ und spucke auf den Propheten Mohammed; darum helfe er mir, einem ebenfalls christlichen Briten, wie ich ihn glauben ließ.

Es half alles nichts, er blieb unbeirrt an meiner Seite; vielleicht zu meinem Glück ... Er band mir sein T-Shirt um den Kopf, damit mein weißes Haupt nicht so sehr schiene, was ich aber für noch auffälliger hielt, denn das musste höchst sonderbar anmuten und erst recht Verdacht erregen. Er fasste mich bei der Hand und wir watschelten an einem Pulk von Hafenarbeitern vorbei, die er von Weitem grüßte. Wir gingen nun schnurstracks Richtung Terminal 2, in dem mein Frachter lag, und hatten die Höhe des Maingates schon überschritten. Ich wusste allerdings noch, dass auf dem Weg dorthin noch ein zweites Gate zu passieren war, und gedachte auf anderem Wege hineinzugelangen, worüber wir in einen Disput gerieten. Als wir noch diskutierten, kamen auf einmal mehr als ein Duzend Securities auf uns zugeeilt und nahmen meinen Begleiter gefangen. Mich fragten sie, was ich mit diesem Dieb zu schaffen hätte, worauf ich ihnen antwortete, dass der Mann sich mir lediglich unentgeltlich als Führer zum Hafen angeboten habe, da ich in der Stadt gefeiert und die Orientierung verloren hätte. Ich zeigte meinen gültigen Shore-Pass vor und sagte, dass ich schleunigst zu meinem Schiff müsse, da nicht sicher sei, wann wir ausliefen; das Schiff fahre in italienischem Auftrag. Zwei Polizisten kamen herbei und wir fuhren zusammen in Richtung Haupttor, was mir große Sorgen bereitete. Kurz vor Erreichen des Maingates stoppte der Fahrer und ein Sicherheitsbediensteter, der mich zu kennen schien, schaute in den Wagen, reichte mir durch das geöffnete Fenster lachend die Hand und sprach ein paar Worte mit den Securities im Auto. Der Geländewagen setzte sich wieder in Bewegung, aber zu meiner vollsten Zufriedenheit nicht nach dem Maingate, sondern dorthin zurück, woher wir gekommen waren. Der Fahrer fragte mich nun recht freundlich: „American Navy?" Ich verneinte: „No, container vessel – Terminal 2" Ich vermied es noch immer, den Schiffsnamen auszusprechen. Ich wurde jetzt direkt zu meinem Dampfer gefahren und sagte während der Fahrt immer wieder über den jammernden Schieber und Dieb neben mir, er sei ein guter Kerl und man solle ihn nicht zu hart dafür bestrafen, dass er einem verirrten Seemann in einem fremden Land geholfen habe. Er winselte ständig, er müsse nun ins Gefängnis und ich solle ihm doch etwas Geld geben, worauf ich ihn daran erinnerte, dass ich keines einstecken hätte.

Ich verabschiedete und bedankte mich herzlich, als sie mich abluden und wünschte dem Ganoven alles Gute. Ich lief mit dem schmerzenden Knöchel so aufrecht ich konnte auf das Schiff zu und kam in gespielt ausgelassener Stimmung die Gangway herauf, begrüßte den wachhabenden Filipino mit einer lässigen Handbewegung und lobte Djibouti als ein Paradies zum Ausgehen. Mein Hinken suchte ich durch ein kleines Schwanken zu vertuschen und hielt mich an der Reling fest, um nicht zu viel Gewicht auf dem rechten Fuß lasten zu haben. Der Unfall musste sich an Bord ereignet haben, soviel war sicher! In meiner Kammer angekommen, stellte ich mich zunächst kurz unter die Brause und kroch dann gleich unter die Decke – es war mittlerweile drei Uhr morgens.

Doch kaum hatte ich die Augen geschlossen, da schrillte unerbittlich das Telefon. Ich fuhr hoch, kreidebleich! War die Polizei etwa an

Bord gekommen? Ich nahm den Hörer auf und ließ ein verschlafen klingendes „Engine Cadet" hören. Am anderen Ende der Leitung vernahm ich die muntere Stimme Heikos, des zweiten nautischen Offiziers: „Ja, hier ist der Zweite. Kann es sein, dass Du Hundescheiße am Schuh hast?" Mir fiel ein Stein vom Herzen. Ich sah nach – und tatsächlich, er lag richtig. Mein linker Stiefel war bedeckt mit Hundekot; ich warf mich gleich in meine Arbeitskleidung und kam die Treppe herunter, nachdem ich den Schuh am Waschbecken gesäubert hatte. Dort traf ich den Zweiten und erzählte ihm gleich, dass ich beim Steigen der Treppen gestolpert und umgeknickt sei. Er rief mir noch hinterher, Hundescheiße bringe Glück, er habe bloß nicht gewollt, dass ich meine ganze Kammer damit einsaue, und wünschte mir eine gute Nacht.

Als mich etwa zwei Stunden später das Stampfen der Maschinen weckte, war es geradezu ein Hinkelstein, der mir vom Herzen fiel. Ich war noch nie so froh gewesen, wieder draußen auf See zu sein. Meinen rechten Fuß konnte ich freilich zu nichts gebrauchen, als ich am nächsten Morgen auf einem Bein in den Maschinenkontrollraum hinunterhüpfte.

ZUM AUTOR

Jonathan Stumpf *alias* Johannes Scharf, Jahrgang 1988, geboren in Richmond, Virginia, aufgewachsen am Bodensee, lebt momentan als Student der Geschichte in Mannheim. Ein B.A.-Studium der Geschichte und Klassischen Archäologie an der Universität Heidelberg schloss er im Juni 2018 mit der Gesamtnote 1,2 ab. Im Alter von zwölf Jahren nach Pforzheim gezogen, absolvierte er dort zunächst zwischen 2005 und 2009 eine Lehre zum Landschaftsgärtner. Später lebte er noch zwei Jahre in Freiburg i. Br., arbeitete als Maschinenkadett auf einem deutschen Containerschiff und war als Infanterist der US-Army in Georgia zur Grundausbildung und später in der Oberpfalz stationiert. Zuletzt lebte er als Austauschstudent ein Jahr im rumänischen Klausenburg.

Seit 2007 als Autor für diverse Zeitschriften des rechten Spektrums tätig, erschien 2011 die erste Auflage seiner Schrift *Sein oder Nichtsein – Gedanken über Rasse und Religion*. 2013 folgte der Zukunftsroman *Das Kreuz des Südens – Exodus aus Europa*, den er an Bord des Containerschiffes geschrieben hatte und der in Romanform die Idee zu einem „Nova Europa" vorwegnimmt. Wenig später brachte der Klosterhaus-Verlag eine Anzahl Fabeln und Kurzgeschichten unter dem Titel *Kassandrarufe – Fabeln wider den Zeitgeist* heraus. Nachdem er bei dem Sammelband *Asyl-Tsunami* mitgewirkt hatte, publizierte Dr. Pierre Krebs einen seiner Aufsätze über das Projekt „Nova Europa" im Rahmen der Schrift *Was tun?* Im Oktober 2017 erschien sein Buch *Der weiße Ethnostaat – Geographische Konsolidierung als Strategie gegen das Verschwinden* bei Ostara Publications und wurde ein Jahr später von MetaPol in einer erweiterten Fassung neu aufgelegt. Zuletzt war er im Jahr 2019 Mitherausgeber der Sammelbände *Der entfesselte Prometheus – Vertreter der deutschen Alt-Right ergreifen das Wort* (Arktos) und *Libro e Moschetto – Lebensbilder von Dichtersoldaten* (MetaPol).

EUROPA TERRA NOSTRA E.V.

WER WIR SIND

Europa Terra Nostra e.V. ist eine politische Stiftung auf europäischer Ebene. Sie wurde am 3. Juli 2015 in Berlin gegründet und steht der europäischen Partei „Alliance for Peace and Freedom" nahe. Diese ist ein Zusammenschluss von nationalistischen Parteien aus Mitgliedsstaaten der EU und wird von Mitgliedern des Europäischen Parlaments sowie weiteren Abgeordneten auf nationaler und regionaler Ebene unterstützt.

WAS WIR WOLLEN

In unserer Satzung bekennen wir uns zu den Grundsätzen der Europäischen Union: Freiheit, Demokratie, Achtung der Menschenrechte, Grundfreiheiten und Rechtsstaatlichkeit.

Wir wollen durch politische Bildung einen Beitrag zur Weiterentwicklung Europas nach demokratisch-freiheitlichen und sozialen Grundsätzen leisten. Unsere Bildungsarbeit steht dabei auf dem Boden von nationalen und demokratischen Grundanschauungen und der abendländischen Kultur.

Kritik an der gegenwärtig bestehenden Europäischen Union mit ihren Demokratiedefiziten ist uns deshalb ein wichtiges Anliegen. Nationalismus und europäische Zusammenarbeit sind für uns kein Widerspruch. Im Gegenteil: Angesichts der vielfältigen Bedrohungen unseres Kontinents von innen und außen ist das gemeinsame Zusammenwirken in einem Europa der Vaterländer notwendiger als jemals zuvor. Unsere „Europapolitischen Leitlinien" finden Sie hier: www.etnostra.com

WAS WIR MACHEN

Wir veranstalten in verschiedenen europäischen Ländern Seminare und Kongresse, geben Publikationen heraus und fördern Studien, die sich schwerpunktmäßig mit dem Thema Europa befassen.

Durch unsere Seminare sollen die Teilnehmer Kompetenzen vermittelt bekommen, durch die sie sich selbständig an der öffentlichen Debatte um die Gestaltung der Zukunft Europas beteiligen können. Wir wollen politisch interessierte Menschen bilden, die das Gemeinwesen aktiv mitgestalten. Unsere Angebote richten sich an ehrenamtlich Tätige, Neugierige, Nachwuchskräfte in politischen Organisationen, Politiker und Mitarbeiter von Institutionen und Verbänden.

Bei unseren Kongressen steht der Austausch verschiedener nationaler Sichtweisen auf Europa im Mittelpunkt. Wir wollen Menschen aus verschiedenen europäischen Ländern zusammenführen und so einen Beitrag zum Zusammenhalt der Europäer leisten, um gewalttätige Konflikte zwischen den Staaten künftig zu verhindern.

Mit unseren Publikationen leisten wir einen Beitrag zur Information der europäischen Öffentlichkeit über die politischen Prozesse in der Europäischen Union. Wir wollen damit zur Diskussion über die weitere politische Gestaltung unseres Kontinents anregen und auf Fehlentwicklungen aufmerksam machen.